# Le CODE de la ROUTE ROUSSEAU

600 QUESTIONS

W0336614

1. Connectez-vous sur **exatest.fr**
2. Cliquez sur « Je me connecte pour la première fois »
3. Créez votre compte en remplissant tous les champs demandés.

   Votre numéro à 10 chiffres est le suivant :

   0327274522

4. Un email de confirmation vous sera envoyé, avec un lien d'activation ainsi qu'un rappel de vos identifiant/mot de passe.
5. Cliquez sur le lien d'activation pour démarrer votre abonnement à Exatest (abonnement valable 6 mois).
6. Bravo, vous pouvez commencer votre entraînement à l'examen du Code de la Route !

   15 séries de 40 questions sont à votre disposition, ainsi que 10 séries thématiques (une par thème). Vous pouvez refaire plusieurs fois chaque série.

   Si vous rencontrez le moindre problème de connexion, veuillez nous contacter à l'adresse : exatest@codes-rousseau.fr en nous donnant votre numéro à 10 chiffres, ainsi que votre adresse email.

Choisissez L'Original

EDITION 2023

# Le CODE de la ROUTE ROUSSEAU

Nom: ______________________

Prénom: ______________________

Adresse: ______________________

______________________

______________________

______________________

Tél.: ______________________

CODES ROUSSEAU

**10 nouveaux thèmes** articulés autour de **9 familles** qui composent la nouvelle épreuve théorique générale (E.T.G.).

| | | |
|---|---|---|
| L | ***Le thème L*** *donne de l'information sur la signalisation en général (panneaux, marquages) et présente les règles que vous devez connaître pour conduire en sécurité.* | f1 |
| C | ***Le thème C*** *traite des stratégies de prise d'information, d'analyse et de décision pour conduire en sécurité. Est également traitée, la prise de conscience des risques dans les capacités et les limites du conducteur.* | f2 |
| R | ***Le thème R*** *décrit des situations de conduite particulièrement difficiles et propose des stratégies pour y faire face.* | f3 |
| U | ***Le thème U*** *décrit comment partager la rue et la route en toute sécurité et met l'accent sur les caractéristiques des autres usagers* | f4 |
| D | ***Le thème D*** *traite des aspects administratifs, du permis à point, des infractions mais aussi du chargement du véhicule.* | f5 |
| A | ***Le thème A*** *traite des premiers secours en général.* | f5 |
| P | ***Le thème P*** *présente l'installation au poste de conduite et les précautions nécessaires en quittant ou en montant dans le véhicule.* | f6 |
| M | ***Le thème M*** *donne un aperçu du fonctionnement et de l'entretien du véhicule.* | f7 |
| S | ***Le thème S*** *présente les nouveaux équipements de sécurité du véhicule.* | f8 |
| E | ***Le thème E*** *traite de la pratique de l'écomobilité et de l'éco-conduite pour limiter l'impact sur l'environnement et limiter les risques d'accidents.* | f9 |

*L'onglet de couleur rappelle le thème étudié.*

*Thèmes référencés dans l'index thématique et traités dans les pages de gauche et de droite.*

*Information générale ou principale.*

*Développement des thèmes et informations complémentaires.*

*Thèmes principaux traités dans la page.*

*Illustration pour un complément d'information ou mise en image de l'explication donnée page de gauche.*

*Thème étudié.*

**Téléchargez* gratuitement**
l'application de scan QR Code de votre choix sur Apple Store ou sur Google Play.

Lancez l'application et scannez le code.

La vidéo s'affiche sur votre téléphone !

** Vérifiez auprès de votre opérateur votre forfait Internet mobile.*

# SOMMAIRE

CODES ROUSSEAU

# Apprentissage de la conduite

L'apprentissage de la conduite des véhicules de la catégorie B dans un établissement d'enseignement agréé, peut se faire selon 2 modes :

**■ ① L'apprentissage anticipé de la conduite**

L'AAC est ouvert aux personnes âgées de 15 ans minimum.

Cet apprentissage se déroule en deux phases :

- une première phase de formation initiale, dispensée par l'établissement d'enseignement agréé ;
- une seconde phase de conduite accompagnée.

**■ ② L'apprentissage avec ou sans conduite supervisée**

L'apprentissage avec ou sans conduite supervisée est ouvert aux élèves souhaitant apprendre à conduire les véhicules de la catégorie B.

Il comporte une phase de formation initiale complétée, le cas échéant, au choix des élèves, par une phase de conduite supervisée, accessible à partir de 18 ans.

**■ Durée de la formation**

La partie pratique comprend un volume minimum de 20 heures de formation.

Cette durée est fonction :

- de l'évaluation de départ obligatoire qui indique le volume prévisionnel et personnalisé de la formation,
- du temps d'apprentissage nécessaire pour la validation de l'ensemble des compétences que l'on retrouve dans le livret d'apprentissage. La formation à l'épreuve théorique générale (ETG) n'est pas incluse dans ces 20 heures.

**■ Option boîte auto**

Un minimum de treize heures est requis pour l'élève suivant une formation limitée à la conduite des véhicules équipés d'une boîte automatique. Le code restrictif 78 sera apposé sur le permis de conduire, il ne sera possible de conduire que ce genre de véhicule. La levée de cette mention restrictive est possible en suivant une formation de sept heures 6 mois minimum après l'obtention du permis de conduire.

## (1) L'APPRENTISSAGE ANTICIPÉ DE LA CONDUITE (AAC)

**FORMATION INITIALE**

**THÉORIE E.T.G. (code)**
• dès 15 ans

**PRATIQUE**
20 h* minimum

Bilan des compétences
↓
Attestation de fin de formation initiale

→

**LA CONDUITE ACCOMPAGNÉE**

L'accompagnateur a 5 ans de permis sans interruption

À partir de 15 ans

1 rendez-vous préalable

2 rendez-vous pédagogiques

1 an minimum - 3000 km

→

**EXAMEN PRATIQUE**

Dès 17 ans

Durée du permis probatoire 2 ans

3 points/an pendant 2 ans

A

*13 h minimum si passage de l'examen pratique sur un véhicule ayant une boîte de vitesse automatique.

---

## (2) L'APPRENTISSAGE AVEC OU SANS CONDUITE SUPERVISÉE

**FORMATION INITIALE**

**THÉORIE E.T.G. (code)**
• dès 17 ans

**PRATIQUE**
20 h* minimum

Bilan des compétences
↓
Attestation de fin de formation initiale

**AVEC CONDUITE SUPERVISÉE**

L'accompagnateur a 5 ans de permis sans interruption

À partir de 18 ans

1 rendez-vous préalable

Aucune condition de distance ni délai minimum

**SANS CONDUITE SUPERVISÉE**

→

Formation traditionnelle

**EXAMEN PRATIQUE**

Dès 18 ans

Durée du permis probatoire 3 ans

2 points/an pendant 3 ans

A

**+ d'info sur : https://public.codesrousseau.fr/**

# Épreuve théorique générale (E.T.G.)

L'épreuve du Code de la route n'est pas une simple interrogation sur la signalisation et les règles de conduite (thème L) mais vise à aiguiser la prise de conscience des risques en conduisant (thèmes C à E).
Les nouvelles questions demandent aux candidats d'analyser les situations de conduite pour mieux adapter leur comportement sur la route.

■ **40 questions à choix multiple (QCM).**
Il faut au moins 35 réponses exactes pour être admis.

Vous devez choisir les réponses parmi celles qui sont proposées (4 au maximum par question).

Cette admissibilité à l'E.T.G. est conservée pour 5 épreuves pratiques pendant 5 ans maximum.

■ **Conseils pour bien répondre**
N'oubliez pas que pour répondre aux questions vous n'êtes pas considéré comme un conducteur novice.

Vous êtes le conducteur d'où la photo a été prise. Parfois vous devrez analyser une situation d'une vue aérienne (photo ou image 3D).

■ **Vidéos**
**4 questions** sur 40 sont annoncées par un pictogramme.

La question peut être illustrée par une courte vidéo dans des conditions réelles de circulation ou issue d'images de synthèse.
Pensez à regarder dans tous les rétroviseurs et à évaluer mentalement l'intervalle de sécurité avec les autres usagers.

*Quelques conseils pour répondre à l'examen.*

| Thème | Libellé |
|---|---|
| L | LA CIRCULATION ROUTIÈRE |
| C | LE CONDUCTEUR |
| R | LA ROUTE |
| U | LES AUTRES USAGERS |
| D | LES NOTIONS DIVERSES |
| A | LES PREMIERS SECOURS |
| P | PRENDRE ET QUITTER LE VÉHICULE |
| M | LA MÉCANIQUE ET LES ÉQUIPEMENTS |
| S | LA SÉCURITÉ DU PASSAGER ET DU VÉHICULE |
| E | L'ENVIRONNEMENT |

La banque de questions de l'examen intègre plus de 1 000 questions réparties en thématiques. L'organisation des questions est similaire à celle du présent ouvrage.

Les candidats ayant obtenu depuis moins de 5 ans un permis français comportant une épreuve théorique et une épreuve pratique sont dispensés de l'E.T.G. pour passer un permis d'une autre catégorie.

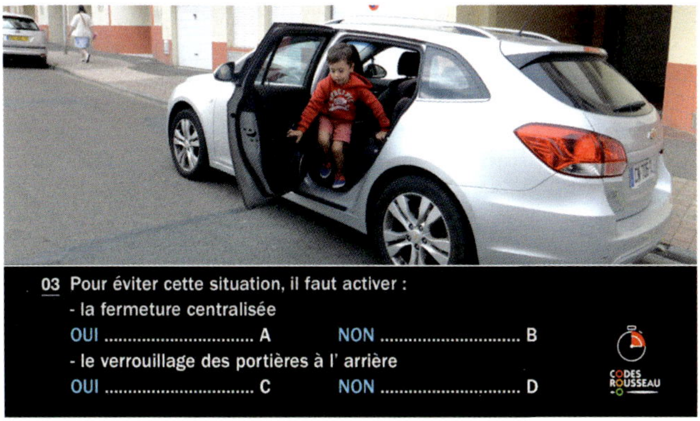


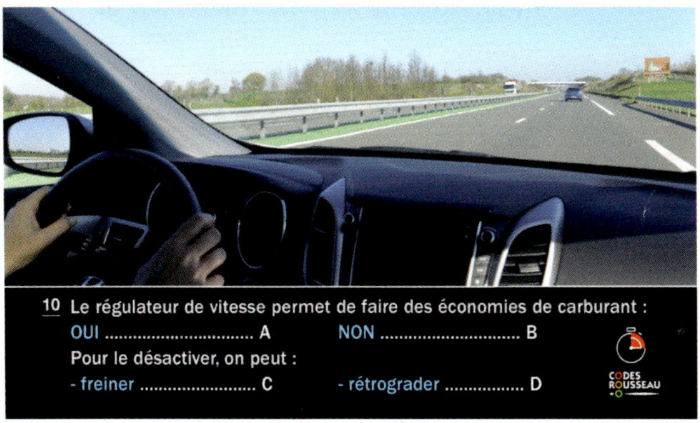


*Attention, deux réponses peuvent être justes dans la première partie ou dans la deuxième partie de la question. Bonnes réponses A, C et D.*

# Épreuve pratique

Dès 18 ans ou 17 ans si vous suivez l'AAC, pour passer l'examen pratique, il faut être reçu à l'ETG.
La durée totale de l'épreuve dure environ 32 minutes.

■ **Déroulement de l'épreuve.**
Elle a pour but de vérifier si vous êtes capable de conduire seul sans mettre en danger votre sécurité et celle des autres.

L'épreuve comprend :

- une conduite dans diverses situations en agglomération et à allure soutenue sur route et/ou autoroute,
- la réalisation d'un arrêt de précision et une manœuvre en marche arrière,
- des vérifications sous forme de 3 questions orales.

Pour être reçu, vous devez obtenir au minimum 20 points et ne pas commettre d'erreur éliminatoire telle que :

- le non-respect de l'arrêt au panneau stop,
- le non-respect de l'arrêt au feu rouge,
- la circulation sur une bande d'arrêt d'urgence.

■ En cas d'échec

Tirez tout le bénéfice de votre bilan, il constituera votre base de travail en vue de votre prochain examen.

■ En cas de réussite

Le formulaire reçu par courrier ou par e-mail sera votre justificatif auprès des forces de l'ordre en attendant votre permis de conduire. Il est valable 4 mois.
Attention, un candidat en AAC ne pourra conduire seul qu'à partir de 18 ans.

## Résultats de l'épreuve

À l'issue de l'épreuve pratique, l'inspecteur ne communique pas oralement le résultat, mais vous adressera le certificat d'examen du permis de conduire (CEPC) par courrier ou vous pouvez le télécharger en remplissant le formulaire sur :

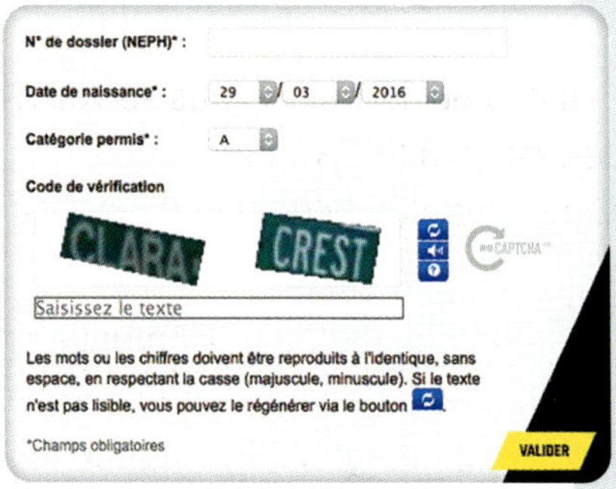


http://www.securite-routiere.gouv.fr/permis-de-conduire/resultats-du-permis-de-conduire

## Suivre la fabrication du permis

Afin de suivre la fabrication de votre permis, rendez-vous sur le site de l'ANTS.

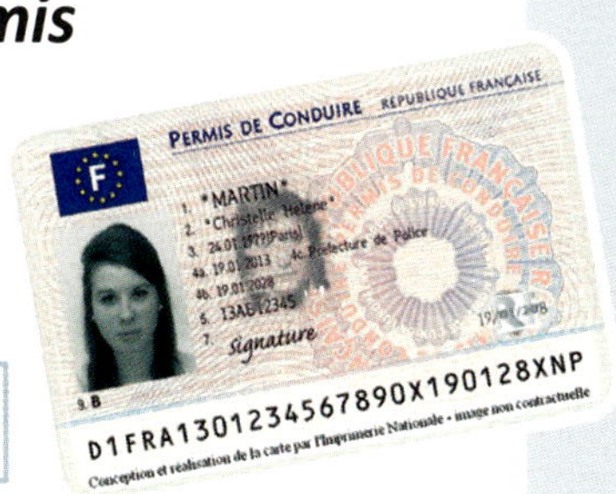


https://permisdeconduire.ants.gouv.fr/

En cas de contrôle des forces de l'ordre, ce certificat peut-être présent en version papier ou directement sur un smartphone ou une tablette.

Le titre provisoire ne permet pas de conduire à l'étranger.

## LA GRILLE D'ÉVALUATION TYPE EXAMEN repose sur l'analyse des compétences

| Bilan des compétences | Niveaux d'appréciation | | | | | Autonomie conscience du risque | | |
|---|---|---|---|---|---|---|---|---|
| | E | 0 | 1 | 2 | 3 | Analyse des situations | Adaptation aux situations | Conduite autonome |
| **Connaître et maîtriser son véhicule** | | | | | | | | |
| Savoir s'installer et assurer la sécurité à bord | | | | | | | | |
| Effectuer des vérifications du véhicule | | | | | | | | |
| Connaître et utiliser les commandes | | | | | | | | |
| **Appréhender la route** | | | | | | | | |
| Prendre l'information | | | | | | | | |
| Adapter son allure aux circonstances | | | | | | | | |
| Appliquer la réglementation | | | | | | | | |
| **Partager la route avec les autres usagers** | | | | | | | | |
| Communiquer avec les autres usagers | | | | | | 0 | 0 | 0 |
| Partager la chaussée | | | | | | 0,5 | 0,5 | 0,5 |
| Maintenir des espaces de sécurité | | | | | | 1 | 1 | 1 |
| | Sous-totaux | | | | | | | |
| **Courtoisie au volant** | | | +1 | | | | | |
| **Conduite économique et respectueuse de l'environnement** | | | +1 | | | | | |
| | Total général | | | | | | | |

Minimum 20 points sur 31

## Les différentes catégories de permis.

| Catégorie | Types de véhicules | Conditions | Définitions |
|---|---|---|---|
| AM |  | 14 ans<br>ASSR 1 ou 2 ou ASR | • **2 roues, 3 roues à moteur et quadricyles :**<br>- cylindrée < 50 cm3,<br>- puissance ≤ 4 kW,<br>- vitesse maxi 45 km/h.<br>- poids à vide ≤ à 350 kg. |
| A1 |  | 16 ans<br>ASSR 2 ou ASR | • **Motocyclettes avec ou sans side-car :**<br>- cylindrée limitée à 125 $cm^3$,<br>- puissance maxi 11 kW (15 CV), rapport poids/puissance maxi 0,1 kW/kg.<br>• **Tricycles à moteur** d'une puissance maximale de 15 kW (20 CV). |
| A2 |  | 18 ans | • **Motocyclettes avec ou sans side-car :**<br>- puissance maxi 35 kW (47 CV), rapport poids/puissance maxi 0,2 kW/kg.<br>La puissance ne peut résulter du bridage d'un véhicule développant plus de 70 kW. |
| A |  | si A2 depuis plus de 2 ans (avec justificatif de formation) | • **Motocyclettes avec ou sans side-car**<br>• **Tricycles à moteur** d'une puissance supérieure à 15 kW (20 CV) (21 ans). |
| B1 |  | 16 ans<br>ASSR 2 ou ASR | • **Quadricycles à moteur :**<br>- puissance maxi 15 kW<br>- poids à vide maxi 550 kg pour les transports de marchandises et 400 kg pour les transports de personnes. |
| B |  | 18 ans<br>ASSR 2 ou ASR | • **Véhicules automobiles** dont PTAC ≤ 3,5 t, 8 passagers maximum (conducteur non compris).<br>• **Remorques :** - PTAC ≤ 750 kg,<br>- PTAC > 750 kg à condition que la somme des PTAC soit ≤ 4,250 t (entre 3,500 t et 4,250 t, une formation de 7 heures est obligatoire).<br>• **125 $cm^3$** (11 kW) sur le territoire national uniquement si 2 ans de permis et formation de 7 heures.<br>• **Tricycle - L5e (15 kW)** sur le territoire national uniquement si 2 ans de permis, formation de 7 heures et plus de 21 ans. |
| BE |  | 18 ans<br>PERMIS B | • **Véhicules automobiles** dont PTAC ≤ 3,5 t, + remorque dont le PTAC est supérieur à 750 kg sans excéder 3,5 t si la masse de l'ensemble est > à 4,250 t. |

SUIVEZ LE CODE DE A À Z,
OU ALLEZ DIRECTEMENT
À LA CASE H.
Hôpital

# La circulation routière

## *Les panneaux*

**Un panneau a trois fonctions :**

- signaler un danger,
- donner un ordre, une interdiction ou une obligation,
- donner une indication, un renseignement ou une direction.

| Formes | Couleurs | Application |
| --- | --- | --- |
| **Danger** | Permanent ; Temporaire | **Danger** à 50 m (environ) ; à 150 m (environ) |
| **Prescription (ordre)** | Interdiction ; Fin ; Obligation ; Fin | L'interdiction commence au panneau et s'étend jusqu'à la prochaine intersection ou jusqu'au signal de fin |
| **Indication** | d'installation ; pour la conduite | **Simple information** avec parfois un comportement précis de prudence |
| **Direction** | entre grandes villes ; vers l'autoroute ; locale | **Suivre la direction choisie** |

**Les symboles**

Ils précisent la nature du message et à qui il s'adresse.

*Forme et couleurs des panneaux.*

## *Les Panonceaux*

Ils apportent des précisions complémentaires au panneau ou au signal sous lequel ils sont placés.

### ■ *Panonceaux de distance*

*Distance à parcourir entre le panneau et le début de la zone concernée.*

### ■ *Panonceaux d'étendue*

*Distance sur laquelle porte la prescription ou le danger.*

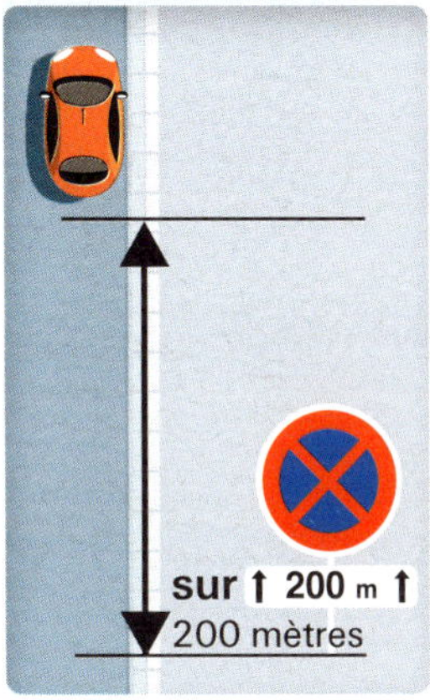


### ■ *Panonceaux de catégories*

*Usagers concernés.*

### ■ *Panonceaux directionnels*

*Position ou direction de la voie concernée.*

### ■ *Panonceaux d'indications diverses*

*Modification de la signification du panneau.*

### ■ *Panonceaux associés à un feu tricolore*

*Pour les cycles uniquement : autorisation de franchir le feu sous certaines conditions.*

## *Panneaux de danger*

**Règle générale**

Les triangles sont placés avant le début de la zone dangereuse :

- environ 150 mètres avant en rase campagne.
- environ 50 mètres avant en agglomération.

**Exception**

Ce panneau est placé a l'endroit même ou la circulation se fait à double sens.

Placé avant, il comporte toujours un panonceau de distance.

**Les panneaux peuvent être complétés par :**

Un panonceau de distance

La zone dangereuse commence 300 mètres après le panneau.

Un panonceau d'étendue

La zone dangereuse s'étend sur une longueur de 1500 mètres.

**Un panonceau peut être commun à un panneau de danger et un panneau d'interdiction.**

Les signaux sont alors placés dans cet ordre.

## Planche de panneaux

Virage à gauche

Virage à droite

Succession de virages, le 1er est à droite

Succession de virages, le 1er est à gauche

Cassis ou dos-d'âne

Ralentisseur

Chaussée rétrécie

Chaussée rétrécie par la droite

Chaussée rétrécie par la gauche

Chaussée particulièrement glissante

Pont mobile

Passage pour piétons

Passage pour piétons surélevé

Endroit fréquenté par les enfants

Passage d'animaux domestiques

Passage d'animaux sauvages

Passage de cavaliers

Descente dangereuse

Annonce de feux tricolores

Circulation dans les 2 sens

Risque de chute de pierres ou présence de pierres tombées sur la route

Débouché sur un quai ou une berge

Débouché de cyclistes venant de droite ou de gauche

Traversée d'une aire de danger aérien

Risque de fort vent latéral

Traversée de voies de tramways

Traversée de voie de véhicules routiers des services réguliers de transport en commun

Danger pour lequel il n'existe pas de symbole correspondant

Danger précisé par le panonceau

Descente dangereuse avec risque de heurt de véhicules lents

## *Panneaux d'interdiction*

**Règle générale** L'interdiction commence à hauteur du panneau et s'étend jusqu'à la prochaine intersection ou jusqu'à un signal mettant fin à l'interdiction.

**La portée de l'interdiction est très souvent modifiée ou limitée par des panonceaux placés sous le signal.**

**Panonceau de distance**
L'interdiction commence 200 m après le signal.

**Panonceau d'etendue**
L'interdiction s'applique sur 2 km à partir du signal.

---

**Panonceau de catégorie**
L'interdiction ne concerne que les véhicules de transport de marchandises.

**Pannonceau d'indication diverse**
L'interdiction ne s'applique que lorsqu'il pleut.

**Dans le cas de superposition de 2 panneaux d'interdiction**

Chaque panneau se lit séparément sans tenir compte de celui qui peut l'accompagner.

L'accès est interdit aux transports, de marchandises.

La vitesse est limitée à 50 km/h pour tous.

**En revanche un panneau + un panonceau se lisent ensemble.**

La vitesse est limitée à 50 km/h uniquement pour les transports de marchandises.

## Planche de panneaux

Circulation interdite à tout véhicule dans les 2 sens

Sens interdit

Interdiction de tourner à gauche à la prochaine intersection

Interdiction de tourner à droite à la prochaine intersection

Interdiction de faire demi-tour jusqu'à la prochaine intersection incluse

Interdiction de dépasser tous les véhicules à moteur autres que les 2 roues

L'interdiction de dépasser concerne seulement les transports de marchandises de plus de 3,5 t

Arrêt obligatoire au poste de douane

Arrêt obligatoire au barrage de gendarmerie

Arrêt obligatoire au barrage de police

Arrêt obligatoire au poste de péage

Accès interdit aux véhicules à moteur à l'exception des cyclomoteurs

Accès interdit à tous les véhicules à moteur

Accès interdit aux véhicules affectés au transport de marchandises

Accès interdit aux piétons

Accès interdit aux cycles

Accès interdit aux véhicules à traction animale

Accès interdit aux véhicules agricoles à moteur

Accès interdit aux véhicules de transport en commun

Accès interdit aux cyclomoteurs

Accès interdit aux motos et motos légères

Limitation de vitesse

Cédez le passage à la circulation venant en sens inverse

Signaux sonores interdits

Accès interdit aux véhicules dont le PTAC (ou le PTRA) dépasse le poids indiqué sur le panneau

Accès interdit aux véhicules tractant une caravane ou une remorque de plus de 250 kg

Accès interdit aux véhicules pesant sur un essieu plus de 2 tonnes

Accès interdit aux véhicules ou ensembles de véhicules ayant une longueur, chargement compris > à 10 m

Accès interdit aux véhicules dont la largeur, chargement compris, dépasse la dimension indiquée

Accès interdit aux véhicules dont la hauteur, chargement compris, dépasse la dimension indiquée

Interdiction aux véhicules de circuler sans maintenir entre eux au moins l'intervalle indiqué

Accès interdit aux véhicules transportant des marchandises explosives ou facilement inflammables

Accès interdit aux véhicules transportant des marchandises susceptibles de polluer les eaux

Accès interdit aux véhicules transportant des marchandises dangereuses

Interdiction dont la nature est mentionnée par une inscription sur le panneau

## Fin d'interdiction

Fin de toutes les interdictions précédemment signalées et imposées aux véhicules en mouvement

Fin de limitation de vitesse à 60 km/h

Fin d'interdiction de dépasser

Fin d'interdiction de l'emploi des avertisseurs sonores

Fin d'interdiction de dépasser pour les véhicules de transport de marchandises dont le PTAC est > à 3,5 tonnes

Fin d'une interdiction dont la nature est mentionnée sur le panneau

## Panneaux de zone

Début de zone

Fin de zone

Entrée ou sortie de zone de circulation restreinte

Entrée et sortie d'une zone de rencontre

# *La signalisation dynamique*

## Règle générale

La signalisation dynamique est destinée à délivrer des messages amenés à être modifiés fréquemment ou nécessitant d'être activés dans des délais très brefs.

Elle informe les usagers des perturbations affectant ou pouvant affecter leur parcours et les conseille dans les situations difficiles.

Elle poursuit 3 objectifs :

**La sécurité :**
afin d'éviter les sur-accidents ou les accidents sur les dangers évolutifs.

Accident

Queue de bouchon

Attention

Panneau à message variable (PMV)

**L'information :**
pour annoncer les conditions de circulation et ou de déplacement en cours ou prévues.

Chute de neige ou pluie verglaçante en cours ou prévue

Présence de nappes de brouillard ou de fumées épaisses

Détection avérée d'animal sur la chaussée

Présence proche d'un ou de plusieurs piétons sur les voies ou sur la bande d'arrêt d'urgence.

Arrivée d'un train. Barrières fermées

**La gestion du trafic :**
afin d'optimiser le fonctionnement des réseaux (harmonisation des vitesses, arrêt et/ou contrôle du trafic, détournement de tout ou partie du trafic).

# Panneaux d'indication

**Règle générale** Les panneaux d'indication sont implantés à proximité de ce qu'ils signalent.

Ils peuvent être complétés par un panonceau :

- de distance, quand ils sont placés en retrait, 200 m
- de catégorie, quand l'information ne concerne que certains usagers.

## Planche de panneaux

Ces panneaux rappellent l'espacement que les usagers doivent laisser entre leurs véhicules sur autoroutes et sur routes à deux fois deux voies.

Indication aux frontières rappelant les limites de vitesse en territoire français

Radar Contrôles automatiques

Circulation autorisée inter-files

Vitesse conseillée

Arrêt de bus

Traversée de voies de tramway

Traversée de voie de véhicules routiers des services réguliers de transport en commun

Lieu aménagé pour le stationnement. Parking

Station d'autopartage

Lieu aménagé pour le stationnement gratuit à durée limitée avec contrôle par disque

Stationnement payant

Stationnement réservé aux transports en commun

Impasse ou rue sans issue

Impasse avec issue pour les piétons

Impasse avec issue pour les piétons et les cyclistes

Ralentisseur (surélévation de la chaussée)

Circulation à sens unique

Signalisation par voie

Réduction du nombre de voies sur route à chaussées séparées

Annonce d'un créneau de dépassement ou d'une route à 2 x 2 voies

Créneau de dépassement sur section de route à 3 voies

Section de route à 3 voies. Créneau de dépassement en sens inverse

Chaussée à double sens dont le sens opposé est réservé à la circulation des autobus

Chaussée à double sens, dont le sens opposé est réservé à la circulation des cycles

## Planche de panneaux

Fin de créneau de dépassement

Route à accès réglementé

Fin de route à accès réglementé

Piste ou bande cyclable conseillée et réservée aux cycles à 2 ou 3 roues

Fin d'une piste ou d'une bande cyclable conseillée et réservée aux cycles à 2 ou 3 roues

Fin de vitesse conseillée

Priorité par rapport à la circulation venant en sens inverse

Passage pour piétons

Annonce d'une route à vitesse régulée

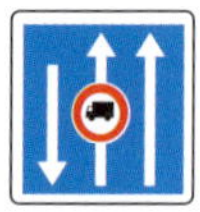

Conditions particulières de circulation par voie sur la route suivie

Conditions particulières de circulation sur la route transversale

Double sens cyclable sur la chaussée rencontrée.

Présignalisation du début d'une section routière ou autoroutière à péage

Présignalisation d'une gare de péage avec retrait du ticket de péage ou paiement du péage

Présignalisation d'une borne de retrait de ticket de péage

Présignalisation du paiement du péage

Paiement auprès d'un péagiste

Paiement par carte bancaire

Paiement automatique par pièces de monnaie

Paiement automatique par pièces de monnaie et billets

Paiement par abonnement. La voie est réservée aux usagers abonnés

Présignalisation d'une aire de service ou de repos sur autoroute ou sur route à chaussées séparées

Entrée

Sortie

Ce signal indique l'entrée d'un tunnel où il est interdit de faire demi-tour, de s'arrêter et de stationner en dehors des emplacements d'arrêt d'urgence prévus à cet effet et où l'allumage des feux de croisement est obligatoire

Début et fin de voie verte

Début d'une section d'autoroute

Fin d'une section d'autoroute

Entrée et sortie d'une aire piétonne

Voie de détresse

Emplacement d'arrêt d'urgence

## Planche de panneaux

Risque d'incendie — Poste de secours — Informations relatives aux services ou activités touristiques — Poste d'appel d'urgence — Cabine téléphonique publique — Point de gonflage gratuit

Gare auto-train — Embarcadère — Moyen de lutte contre l'incendie — Issue de secours vers la droite — Issue de secours vers la gauche — Atelier d'entretien des véhicules

Jalonnement d'un poste d'appel d'urgence vers la droite — Jalonnement piétonnier d'une issue de secours vers la gauche — Auberge de jeunesse — Emplacement pour pique-nique — Installations accessibles pour handicapés

Lieu aménagé pour la pratique du covoiturage — Chambre d'hôtes ou gîte — Station de vidange pour caravanes, autocaravanes et cars — Installations ou services divers — Débit de boissons ou cafétéria ouvert 7j/7j — Panneau d'information faisant partie du relais d'information service

Terrain de camping pour tentes — Terrain de camping pour caravanes et autocaravanes — Parking sous vidéosurveillance — Point de départ d'un itinéraire pédestre — Toilettes ouvertes au public — Restaurant ouvert 7j/7j

Postes de distribution de carburant ouvert 7j/7j et 24h/24h assurant la recharge des véhicules électriques — Point de vue — Fréquence d'une station de radio dédiée aux informations sur la circulation routière et l'état des routes — Jeux d'enfants — Distributeur de billets de banque — Point de détente

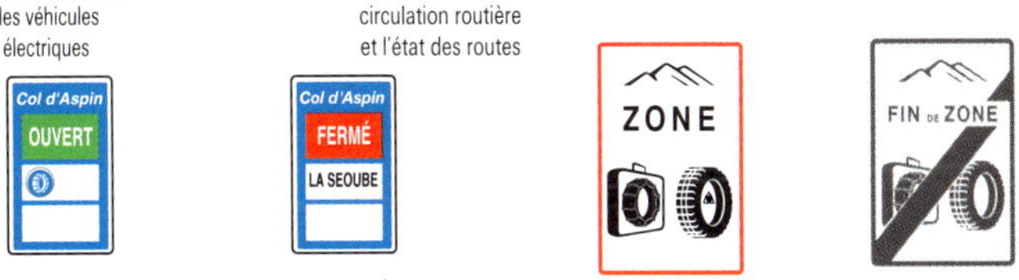


Présignalisation de la praticabilité d'une route — Route fermée. Section ouverte jusqu'au lieu indiqué — Entrée de zone d'obligation d'équipements en période hivernale. — Sortie de zone d'obligation d'équipements en période hivernale.

## *Panneaux d'obligation*

**Règle générale** L'obligation commence à hauteur du panneau et s'étend jusqu'à la prochaine intersection ou jusqu'à un signal qui y met fin.

Les panneaux peuvent être complétés par un panonceau de distance, d'étendue ou de catégorie. 200 m ↑ 400 m ↑ 

**Planche de panneaux**

### Directions obligatoires

Obligation de tourner à droite avant le panneau

Obligation de tourner à gauche avant le panneau

Contournement obligatoire de l'obstacle : par la droite

Contournement obligatoire de l'obstacle : par la gauche

Direction obligatoire à la prochaine intersection :

tout droit — à droite — à gauche — tout droit ou à droite — à gauche ou à droite

### Voies obligatoires et réservées

Piste ou bande obligatoire pour les cycles sans side-car ou remorque

Chemin obligatoire pour piétons

Chemin obligatoire pour cavaliers

Voie réservée aux véhicules de transport en commun des lignes régulières...

Voie réservée aux tramways

### Voies obligatoires et réservées

Vitesse minimale obligatoire

Chaînes à neige obligatoires sur au moins deux roues motrices

Obligation dont la nature est mentionnée par une inscription sur le panneau

### Voies obligatoires et réservées

Fin de piste ou de bande cyclable

Fin de chemin obligatoire pour les piétons

Fin de chemin obligatoire pour les cavaliers

Fin de vitesse minimale obligatoire

Fin d'obligation de l'usage des chaînes à neige

Fin de voie réservée aux véhicules des services réguliers de transport en commun et fin de limitation de vitesse y étant associée.

# *Panneaux temporaires*

## Règle générale

La signalisation temporaire sert à prévenir les usagers d'une modification due à un accident, des travaux ect. Elle prévaut sur la signalisation habituelle.

Le marquage au sol est jaune.

Les panneaux sont la plupart du temps posés au sol.

## Planche de panneaux

Annonce de signaux lumineux réglant la circulation

Chaussée rétrécie

Chaussée glissante

Projection de gravillons

Annonce de nappes de brouillard ou de fumées épaisses

Cassis, dos-d'âne

Travaux

Accident

Bouchon

Autres dangers : il peut ou non être précisée par un panonceau

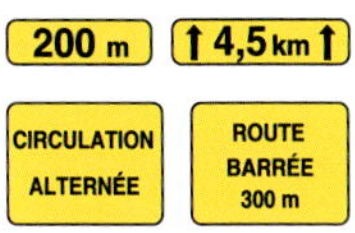

Panneaux d'indications diverses

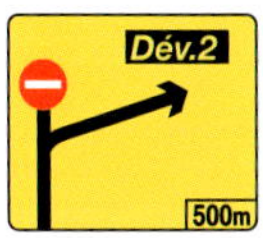

Présignalisation de déviation

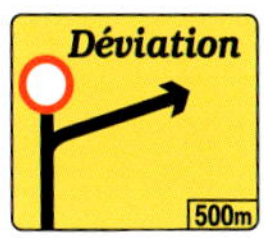

Présignalisation de déviation

Présignalisation de déviation catégorielle

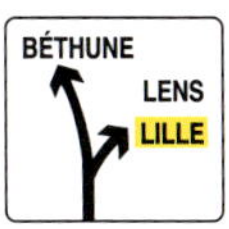

Présignalisation de l'origine d'un itinéraire de déviation par adjonction d'un cartouche jaune

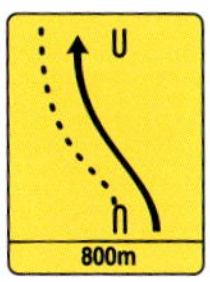

Présignalisation de changement de chaussée : circulation sur une voie

Affectation des voies : une voie dans un sens 2 voies en sens inverse

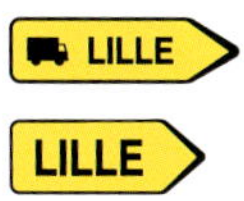

Direction de déviation avec mention de la ville

Annonce de la réduction du nombre de voies laissées libres à la circulation sur routes à chaussées séparées

Fin de déviation

Barrière, signal de position d'une déviation ou d'un rétrécissement temporaire de chaussée

Dispositif conique. Signalisation de position des limites d'obstacles temporaires

Autorisation de passer — Accès interdit

Piquets mobiles

Barrage. Signalisation de position d'un obstacle temporaire

## *Panonceaux*

### Panonceaux de distance

à 400 m

### Panonceaux d'étendue

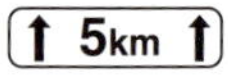


sur 5 km

### Panonceaux directionnels

pour la voie indiquée

### Panonceaux de catégorie

Véhicules dont le PTAC ou le PTRA est ≤ à 3,5 t

Véhicules de transport en commun de personnes

Motos et motos légères

Cycles

Cyclomoteurs

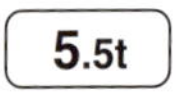


Véhicules dont le PTAC ou PTRA est > à 5,5 t

Véhicules de transport de marchandises

Véhicules pesant plus de 2 t sur un essieu

Véhicules agricoles à moteur

Véhicules tractant une remorque de plus de 250 kg et dont le PTRA est ≤ 3,5 t

Installations accessibles aux handicapés physiques

Piétons

Véhicules ayant une longueur > à 10 m

Transport de marchandises dont le PTAC ou le PTRA est > à 5,5 t

Véhicules tractant une remorque dont le PTAC est > à 250 kg

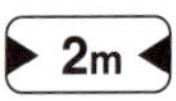


Véhicules ayant une largeur > à 2 m

Véhicules ayant une hauteur totale > à 3,5 m

Véhicules équipés de chaînes à neige

La prescription donnée par le panneau associé ne s'applique pas aux cyclistes

Risque de heurt de véhicules lents

### Panonceaux d'indications diverses

Aire de danger aérien

Voie ferrée électrifiée

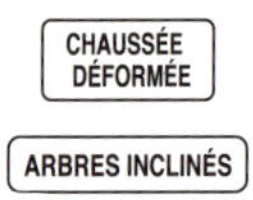


Indications diverses par inscription

Passage pour piétons surélevé

Indique que l'emplacement d'arrêt d'urgence est doté d'un poste d'appel d'urgence et d'un moyen de lutte contre l'incendie

### Panonceaux d'indications diverses

Autorisation pour les cyclistes de tourner à droite malgré le feu rouge ou jaune.

Autorisation pour les cyclistes d'aller tout droit et à droite malgré le feu rouge ou jaune.

## *Balises de position*

Elles guident les usagers et signalent l'endroit précis d'un danger particulier.

## *Quelques risques à connaître*

Ils annoncent le danger et permettent au conducteur d'anticiper.

Les dangers peuvent être liés à la route, aux autres usagers ou à des conditions particulières.

Circulation dans les deux sens, à partir du panneau.

Seul, ce panneau échappe à la règle, la circulation à double sens commence au panneau.

■ **Il faut ralentir pour tenir compte du risque :**

Cassis ou dos d'âne.

• Attention à la secousse.

Chaussée glissante.

• Ralentir permet d'éviter le dérapage et diminue la distance de freinage.

Endroits fréquentés par les enfants.

Ce signal est placé aux abord des écoles, colonies de vacances, terrains de jeux.

Descente dangereuse.

Il faut adapter son allure et utiliser la boîte de vitesses (rétrograder) pour ne pas se faire entraîner par la pente.

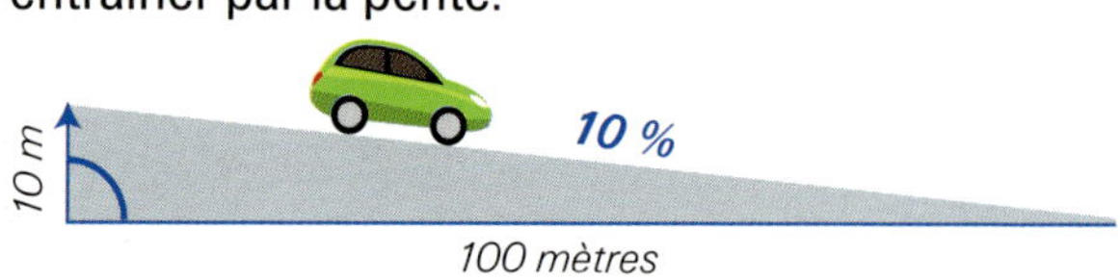


*10 %, c'est descendre de 10 m tous les 100 m parcourus.*

Danger : animaux domestiques et sauvages.

Les animaux sont imprévisibles.
Ralentir permet de réagir plus vite si un animal surgit.

◀ *Danger à cause de la courbe très accentuée et du manque de visibilité.*

*Ce panneau annonce plusieurs virages (sur 2 km) dont le premier est à droite.*

◀ *Risque de chutes de pierres :*

*ralentir pour pouvoir éviter des pierres déjà tombées.*

*Ne pas s'arrêter dans la zone (ici 3 km).*

◀ *Risque de traversée d'animaux sauvages.*

*Attention, les animaux sauvages ne connaissent pas les panneaux et peuvent déboucher n'importe où !*

## *La signalisation temporaire*

Elle prévaut sur la signalisation habituelle.
Le marquage au sol est jaune.
Les panneaux sont la plupart du temps posés au sol.

La signalisation temporaire sert à prévenir les usagers d'une modification due à un accident, des travaux etc.

### Dangers temporaires

Travaux = Ralentir

Il faut ralentir, ne plus dépasser et se préparer à mettre les feux de détresse si nécessaire.
Lors de travaux, les dangers peuvent être très différents :

- risques liés au personnel : ouvriers sur la route,
- risques liés à l'état de la chaussée : boue, trous...,
- risques liés à la configuration : rétrécissement...

### Déviation de la circulation

L'itinéraire de déviation n'a rien d'obligatoire sauf si la signalisation désigne une catégorie d'usagers particulière.

### Circulation alternée

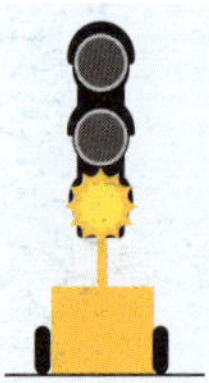

Feu jaune clignotant en bas : on peut passer avec prudence.

Lorsque les travaux ne laissent qu'une seule voie de circulation, le passage est réglé par des feux alternatifs ou manuellement par le personnel du chantier.

*Piquets mobiles S'arrêter/Passer.*

◀ *Projections de gravillons. Risque de dérapage.*

*Dangers particuliers précisés par un panonceau.*

*Dans les zones de travaux, la vitesse maximale est abaissée. Respecter les panneaux temporaires de limitations de vitesse.*

▲ *Des lignes jaunes provisoires qu'il faut prendre en considération même si dans certains cas, le marquage blanc n'a pas été effacé.*

◀ *Fonctionnement du feu :*

- *jaune clignotant en bas à la place du vert,*
- *jaune au milieu,*
- *rouge,*
- *jaune clignotant en bas...*

## *Les panneaux de direction*

### Des couleurs pour s'orienter

- **Bleu**: itinéraires autoroutiers.
- **Vert**: itinéraires reliant des grandes villes.
- **Blanc**: directions locales.
- **Jaune**: itinéraires temporaires ou bis ou de substitution.
- **Marron**: sites touristiques.

Les panneaux de direction aident le conducteur à suivre un itinéraire.

- Ils annoncent les intersections.
- Ils indiquent les villes desservies.
- Ils précisent le type et le numéro des routes.

### Des idéogrammes pour informer vite

Direction vers un aéroport.

Des informations complémentaires sont apportées aux directions indiquées.

### Des symboles pour suivre un itinéraire

**Bis** L'itinéraire Bis permet de fluidifier la circulation. Il n'est jamais obligatoire.

L'itinéraire Bis permet de délester l'itinéraire principal qui est très fréquenté en période de vacances ou de week-end.

**S 3** Lorsque le réseau principal connaît souvent des perturbations, un itinéraire de substitution est prévu.

Ils permettent de contourner les difficultés (embouteillages, travaux, accidents...). Le numéro permet de suivre l'itinéraire de remplacement en question.

### Des formes et des flèches à suivre

La signalisation de direction est celle qui se rapproche le plus du langage écrit.

1. Flèches à l'intérieur du panneau.
2. Schéma de l'intersection.
3. Panneau en forme de flèche.

▲ Tourner à droite devant le panneau pour suivre NOIRMOUTIER.

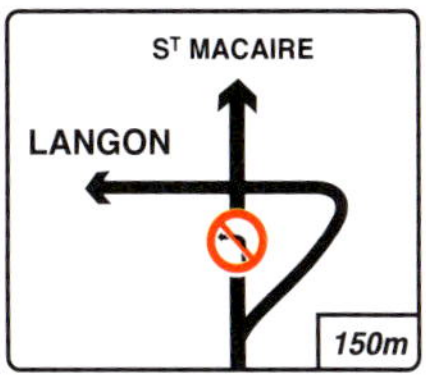


▲
Carrefour avec voie de stockage à droite pour tourner à gauche.

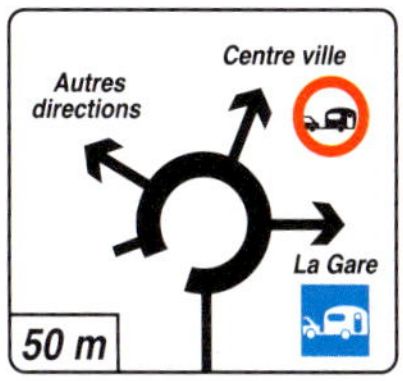


▲
Le centre-ville est interdit aux véhicules tractant une caravane ou une remorque de plus de 250 kg. Ces usagers peuvent prendre la direction de la gare.

▲
Rocade.

N 83 Route nationale n° 83.
C 3 Route communale n° 3.
E 712 Route européenne n° 712.
M627 Route métropolitaine.

▲ Borne

▲ Cartouches ou encarts.

① Directions à prendre aux prochaines intersections en fonction de l'itinéraire choisi.

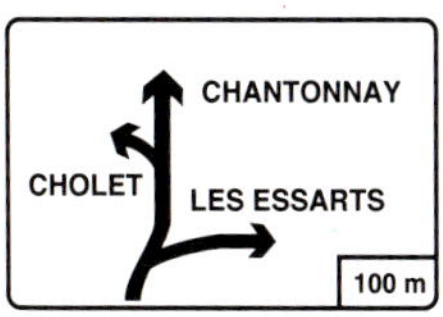


② Le tracé de la route sur le panneau permet d'anticiper 100 mètres avant l'intersection.

③ Placé dans l'intersection, il faut tourner devant le panneau.

## *Le marquage au sol*

Il sert à guider les conducteurs. Les traits des lignes discontinues délimitant les voies de circulation sur route ont une longueur de 3 mètres.

■ Lignes de délimitation :
• sur route

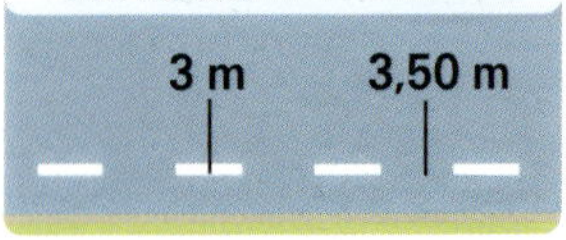


**Ligne de rive**

Sur route, elle sépare l'accotement de la chaussée. À l'approche d'une intersection, elle peut être remplacée par une ligne de 20 m espacée de 6 m.

• sur autoroute

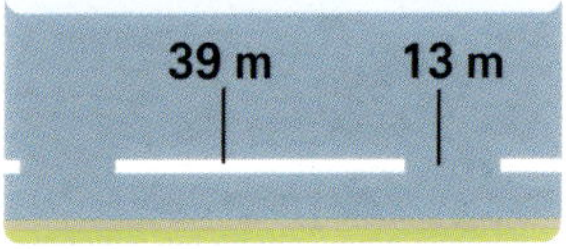


Sur autoroute, elle délimite la bande d'arrêt d'urgence. La voie la plus à gauche est délimitée par une ligne continue le long du terre-plein central (confirmation que l'on circule en sens unique).

■ Lignes de séparation des voies

**Ligne continue**

Elle délimite la voie dans laquelle on doit rester. Interdiction de la franchir ou de la chevaucher.

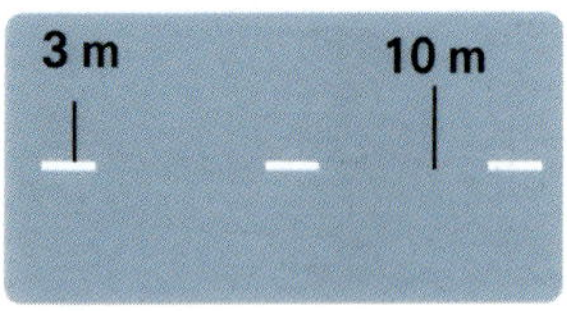


**Ligne discontinue**

Elle peut être franchie uniquement pour dépasser ou changer de direction.

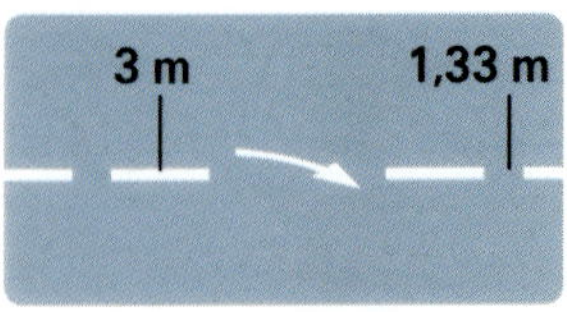


**Ligne d'annonce**

Elle précède une ligne continue et comporte des flèches de rabattement.

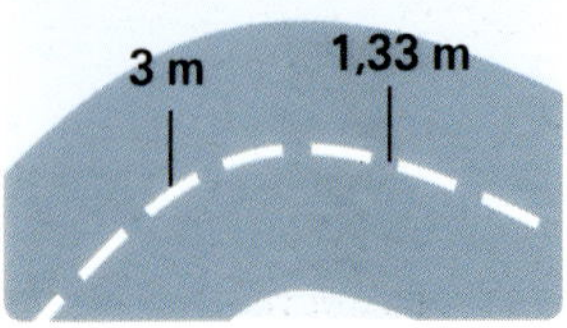


**Ligne de dissuasion**

Cette ligne autorise le dépassement des véhicules roulant lentement (tracteurs, voiturettes...) sur des routes étroites et sinueuses.

■ **Lignes de séparation des voies (suite)**

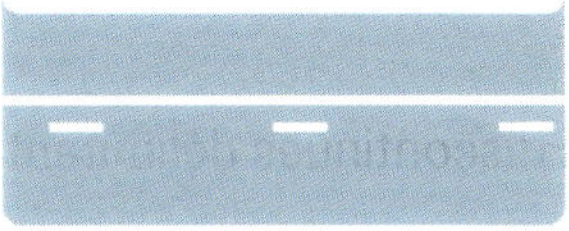

**Ligne mixte**

C'est une ligne continue doublée d'une ligne discontinue, les conducteurs peuvent changer de voie pour dépasser; côté ligne continue, ils y restent!

■ **Flèches de rabattement**

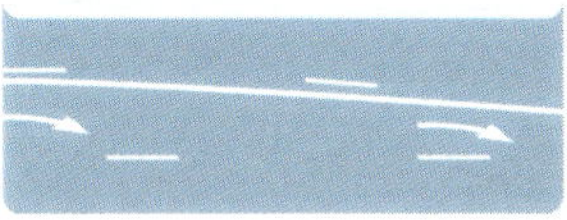

Elles obligent les conducteurs qui circulent dans le sens de ces flèches à se rabattre à droite.

Elles annoncent une ligne continue ou la réduction du nombre de voies sur les routes comportant 3 ou 4 voies.

■ **Flèches directionnelles**

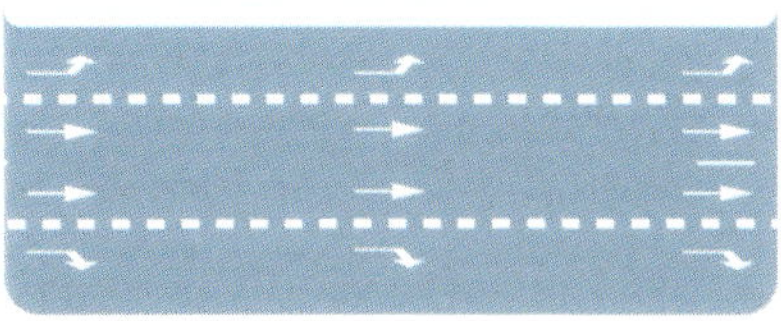

Elles sont répétées 3 fois dans chacune des voies appelées "voies de stockage".

Elles facilitent le placement sur la chaussée quand le conducteur a sélectionné sa direction.

▲*Quelques mètres avant la dernière flèche, les lignes discontinues peuvent être remplacées par une ligne continue qui interdit le changement de voie.*

## *Aborder une intersection*

### Comment les franchir?

1 - Les repérer
2 - Ralentir!
3 - Observer et comprendre les intentions des autres!
4 - Avertir si besoin...

Les intersections peuvent être mises en évidence par des balises mais ce n'est pas systématique! Et ce n'est jamais le cas en ville.

**Identifier l'ordre de passage**

Repérer la présence de panneaux de priorités.
Repérer la présence de feux tricolores.
Repérer la présence d'un agent.

**Ordre d'importance**

L'agent prime sur les feux.
Les feux priment sur les panneaux.

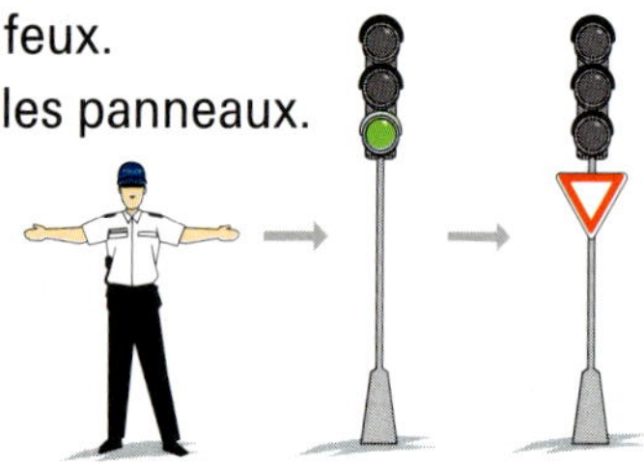

**Absence de signalisation**

En l'absence de panneaux, de feux ou d'un agent, les conducteurs doivent céder le passage aux usagers venant de droite.
C'est souvent le cas en ville et particulièrement dans les zones 30.

**Les chemins de terre**

Les usagers sortants ne s'engagent que lorsque la voie est totalement libre.

▲ *Avertir quand c'est nécessaire !*

◀ *Balise d'intersection :*
*elle signale une intersection mais elle ne donne pas la règle de priorité.*

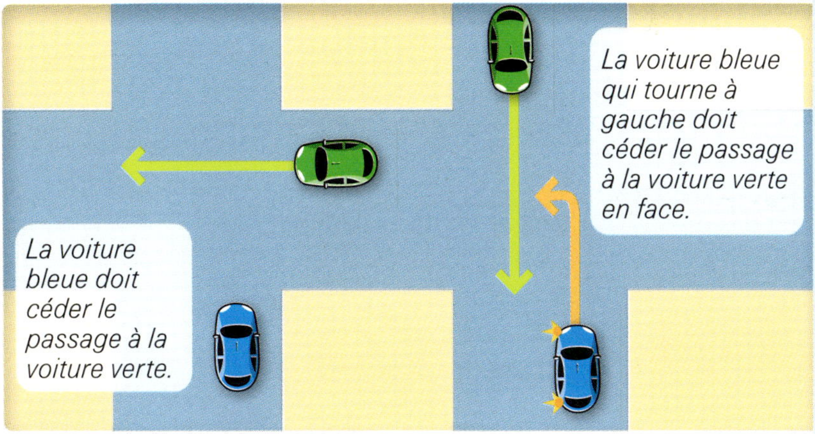


▲ *Absence de signalisation.*
*Les conducteurs doivent céder le passage aux usagers venant de droite.*

▼ *Les ronds-points sans signalisation sont régis par la priorité à droite.*

## *Les panneaux de priorité*

**■ Route prioritaire**

Tant que l'on rencontre ce panneau, la route reste prioritaire.

Il est placé après les intersections pour signaler à ceux qui empruntent cette route, qu'elle est prioritaire.

À l'entrée d'une agglomération par exemple, une route peut perdre son caractère prioritaire.

On peut alors rencontrer des feux tricolores, un STOP, une priorité à droite, un "cédez-le-passage"...

**■ Priorité ponctuelle**

Ce panneau avertit que la priorité est valable à la prochaine intersection uniquement.

Il a la forme d'un panneau de danger pour inciter les conducteurs à ralentir et à s'assurer du comportement des autres avant de franchir l'intersection.

**■ Stop**

Arrêt obligatoire à la limite de la chaussée abordée sans dépasser la ligne blanche.

▲ *Lignes sur route à double sens.* ▲

Dans un sens unique, la ligne au sol qui accompagne un STOP ou un "cédez-le-passage" traverse toute la largeur de la chaussée.

**■ Cédez-le-passage**

Obligation de céder le passage à gauche et à droite sans forcément s'arrêter si la route est libre.

**■ Obligation de céder le passage à tous les usagers venant de droite**

| 3 situations ! | J'ai rencontré… | Je sais que… | Les autres ont… |
| --- | --- | --- | --- |
| **1**<br>**Les autres doivent me céder le passage.** |  | Je circule sur une route à caractère prioritaire jusqu'à  |  |
| |  | La priorité est valable à cette intersection seulement. | |
| **2**<br>**Je dois céder le passage à droite** | Pas de panneau<br>ou<br> | Les autres ont la même signalisation. | Pas de panneau<br>ou<br> |
| **3**<br>**Je dois céder le passage aux usagers de la route "prioritaire"**<br>**(cela peut-être à droite, à gauche ou en face)** | 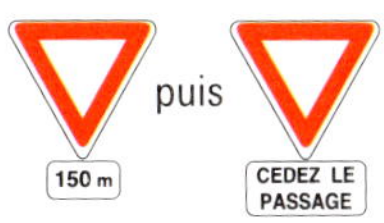 | L'arrêt n'est pas obligatoire. |  |
| |  | L'arrêt complet est impératif, à hauteur de la ligne blanche. | |

*1 - La rouge avance et s'arrête.*

*2 - La jaune passe derrière la rouge.*

*3 - La bleue passe.*

*4 - La rouge tourne derrière la bleue.*

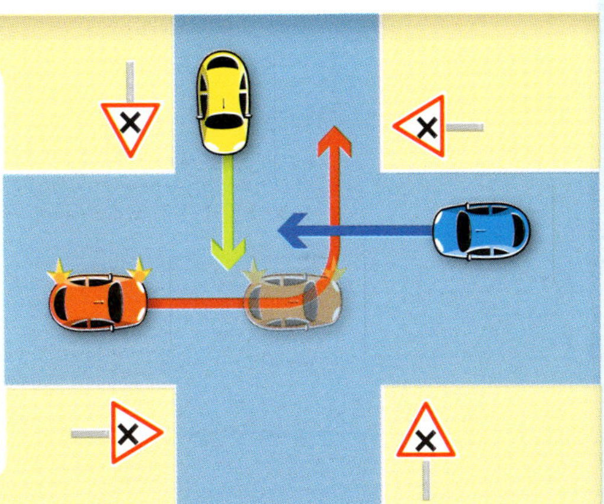

## Intersections complexes

**Panonceaux schémas**
Ils schématisent la forme de l'intersection quand il y a une ambiguïté.

L'axe prioritaire est en gras.

Le trait "sud" (ou à la base du panonceau schéma) représente la route sur laquelle on circule.

## Agglomération

À l'intérieur de l'agglomération, la route conserve son caractère prioritaire.

À la sortie de l'agglomération, la route reste ou devient à caractère prioritaire.

Le conducteur doit s'informer de la règle de passage à la prochaine intersection.

## Voie d'accélération

Lorsque le panneau "Cédez-le-passage" est situé sur une voie d'accélération, le conducteur choisit le moment opportun, accélère suffisamment pour s'insérer sur la chaussée prioritaire sans gêner les usagers qui y circulent.

Route sur laquelle on doit céder le passage.

Route sur laquelle on est prioritaire.

▲

1 - *La bleue continue sa route car elle reste sur l'itinéraire prioritaire.*

2 - *La rouge passe après la bleue.*

3 - *La jaune passe, quand la route abordée est libre.*

▲

*La verte passe en premier. Elle circule sur l'axe prioritaire et qu'elle aille en direction du "CÉDEZ-LE-PASSAGE" ou pas, elle reste prioritaire !*

## *Les carrefours à sens giratoire*

**Ordre de passage**

Avant de s'y engager, céder le passage aux usagers qui circulent sur l'anneau et qui viennent de gauche.

Ils comportent un terre-plein généralement infranchissable. Un "cédez-le-passage" est placé à l'entrée.
Qu'il y ait 1, 2 ou 3 voies, il faut considérer ces carrefours comme des routes à sens unique, mais circulaires !

*Carrefour giratoire*

**Se placer**

- Se placer à droite pour tourner à droite ou aller en face.
- Possibilité de se placer à gauche pour tourner à gauche ou faire demi-tour.

Quand l'anneau du rond-point comporte plusieurs voies, c'est l'usager qui change de voie qui doit céder le passage.
Si on est perdu, rester dans la voie de droite pour trouver la bonne direction.

**Communiquer**

Pour quitter le carrefour, il faut allumer les clignotants au niveau de la route précédant la sortie choisie pour permettre aux autres de s'insérer...

Il faut considérer que ceux qui circulent sur l'anneau sans clignotant ainsi que ceux qui gardent leur clignotant gauche allumé, n'ont pas l'intention de sortir du rond-point...
Pour faciliter l'écoulement du trafic, les clignotants sont utiles. C'est une aide précieuse pour les conducteurs qui s'insèrent.

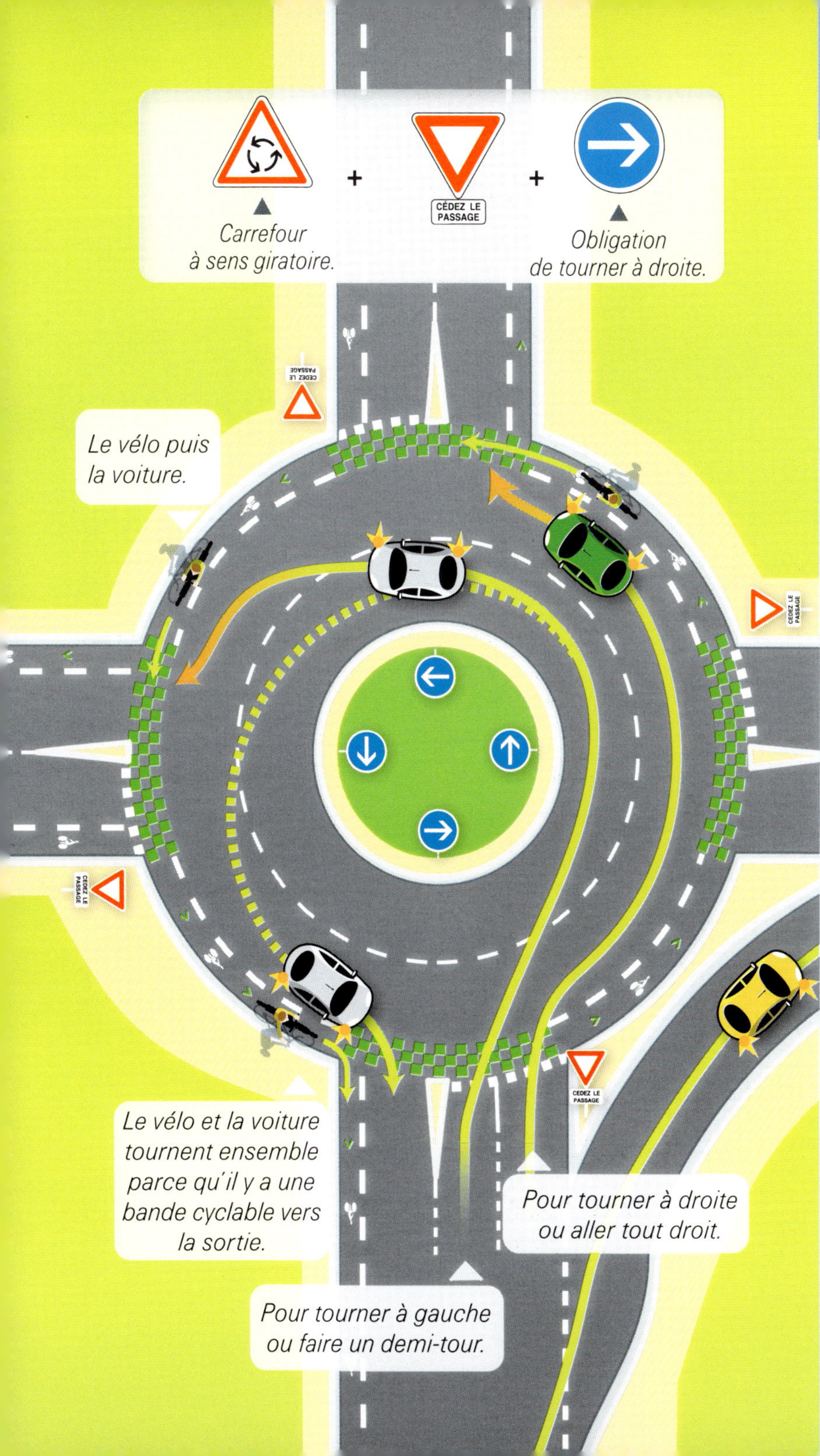
Carrefour à sens giratoire.
+
CÉDEZ LE PASSAGE
+
Obligation de tourner à droite.
Le vélo puis la voiture.
Le vélo et la voiture tournent ensemble parce qu'il y a une bande cyclable vers la sortie.
Pour tourner à droite ou aller tout droit.
Pour tourner à gauche ou faire un demi-tour.

## *Les feux tricolores*

**Feu vert**

Donne l'autorisation de passer (de continuer tout droit, de tourner à droite ou à gauche).

**Feu jaune**

Annonce le rouge.
S'arrêter sauf risque d'accident.

**Feu jaune clignotant à la place du vert**

Annonce un danger particulier.

**Feu rouge**

Impose l'arrêt à l'aplomb du support ou avant un passage piétons ou à hauteur de la ligne d'effet ou du sas cycliste.
Le feu des piétons est au vert.

**Les feux ne fonctionnent pas**

On cède la priorité à droite ou on applique la règle énoncée par le panneau.

 ou 

L'usager applique la règle de la priorité à droite.

 ou 

L'usager applique la règle énoncée par le panneau.

Ici, cédez le passage à droite et à gauche

## *Signe des agents*

**Les indications données par les agents annulent et remplacent la signalisation et les règles de circulation mises en place.**

Lorsqu'un agent règle la circulation et que l'on veut tourner à gauche, il faut le contourner et s'arrêter sans dépasser l'axe de la rue puis poursuivre quand il en donne l'ordre.

▲ **Feux et flèche supplémentaire.**
*Cette flèche jaune clignotante autorise à tourner à droite avec prudence et en cédant le passage aux autres véhicules ou piétons.*

▲ **Feux en forme de flèche.**
*Ils alternent un ordre de passage en fonction de la direction que l'on veut prendre.*
*Une flèche verte qui autorise à tourner à gauche signifie que les usagers en face sont arrêtés à un feu rouge.*

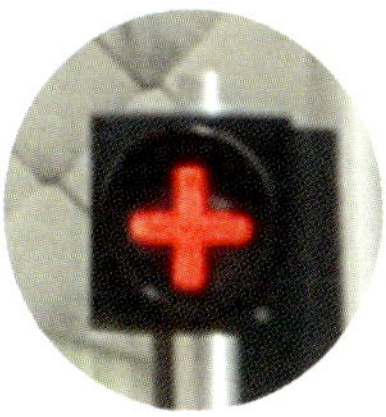

◀ *À certaines intersections, le feu des usagers venant en sens inverse est décalé dans le temps pour permettre au conducteur de tourner à gauche sans avoir à céder le passage. Une croix indique la couleur du feu.*

▶ *Attention, en tournant, le feu piéton est au vert !*

Vu de face ou de dos **Arrêt obligatoire.**

De face, un bras levé **S'arrêter.**

Vu de profil **Autorisation de passer.**

Geste de haut en bas de l'avant-bras **Ralentir.**

Geste circulaire de l'avant-bras **Circuler, accélérer.**

## *Les règles générales*

**Position sur la chaussée**

En marche normale, rouler près du bord droit. S'il existe plusieurs voies, emprunter la plus à droite. Attention, la voie la plus à droite peut être réservée à d'autres usagers.

**Flèches directionnelles**

Suivre la direction indiquée par les flèches. Si plusieurs voies permettent d'aller dans la même direction, utiliser la voie la plus à droite.

**Intersection encombrée**

Lorsqu'une intersection est encombrée, s'arrêter avant, afin de ne pas bloquer le passage à la voie transversale.

**Circuler en file**

En cas de circulation en files ininterrompues sur toutes les voies, le conducteur :

- doit rester dans sa file,
- peut quitter sa file pour préparer un changement de direction,
- peut dépasser les véhicules d'une autre file par la droite (ce n'est pas considéré comme un dépassement),
- doit allumer ses feux de détresse, s'il est le dernier de la file, pour prévenir les autres usagers du ralentissement.

▲ *La voie de droite est réservée aux cyclistes.*

▲ *La voie de droite est une voie pour véhicules lents. Je dois l'utiliser si ma vitesse est inférieure ou égale à 60 km/h.*

## Les changements de direction

**Avant de tourner**

**Regarder** devant, mais aussi dans les rétroviseurs les intentions des autres.

**Avertir** avec les clignotants de nos propres intentions.

**Agir,** c'est serrer l'axe de la rue ou serrer à droite.

Un conducteur ayant l'intention de changer de direction doit :

- s'assurer que la route qu'il veut emprunter n'est pas en sens interdit ;
- surveiller la route vers l'avant et vers l'arrière ;
- signaler son intention à l'aide du clignotant ;
- ralentir sans freiner brusquement pour ne pas surprendre les usagers qui le suivent ;
- respecter les priorités de passage et notamment les piétons qui traversent.

## Tourner à droite

Serrer le bord droit de la chaussée en veillant à ce qu'aucun deux-roues ne se faufile entre le trottoir et le véhicule.

Dans une intersection où l'on doit céder le passage, ne pas oublier de regarder dans les 2 sens de circulation.

Un automobiliste venant de droite peut avoir entamé un dépassement à hauteur de l'intersection.

▲ *Avertir de ses intentions en mettant le clignotant du côté où l'on souhaite tourner.*

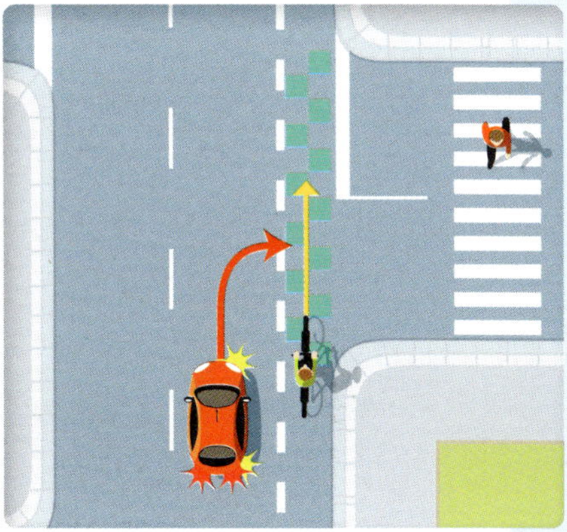

▲ *Tourner la tête pour regarder dans l'angle mort.*

▼ *Vérifications à gauche... Et à droite avant de tourner à droite !*

## *Tourner à gauche*

**Sur une route à double sens**

Serrer à gauche sans dépasser l'axe de la chaussée.

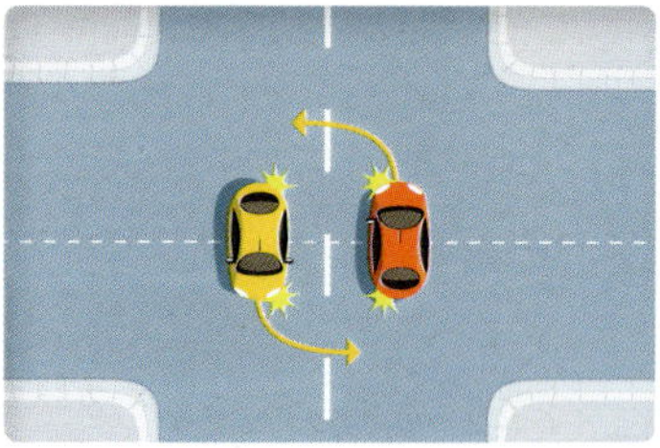

Tourner en contournant le centre de l'intersection.

**Sur une route à 3 voies à double sens**

Se placer dans la voie du milieu.

Pour éviter toute confusion avec un dépassement, faire clignoter les feux stop le plus tôt possible.

**Sur une chaussée à sens unique**

Se placer dans la voie la plus à gauche.

**Dans un carrefour "à l'indonésienne"**

Tourner en passant devant le véhicule qui fait face et qui veut tourner à gauche aussi.

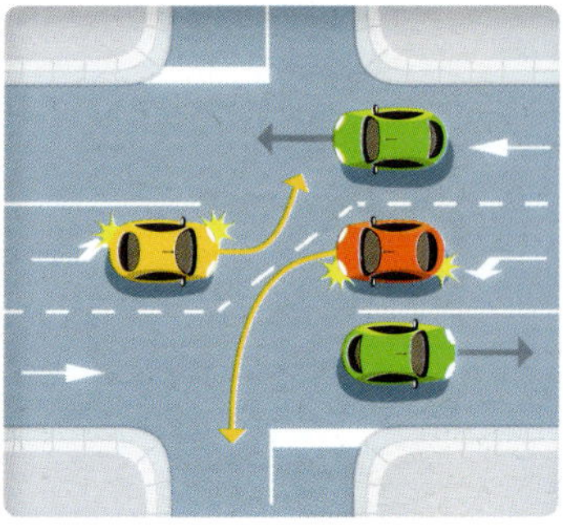

*Le carrefour à "l'indonésienne".*

◀ *En coupant un "tourne à gauche", le conducteur circule sur la partie gauche de la chaussée. Il est donc en infraction et responsable en cas d'accident.*

◀ *Si on doit s'arrêter avant de tourner à gauche, ne pas braquer les roues pour ne pas être projeté vers le véhicule qui viendrait en face en cas de choc par l'arrière.*

▲ *Décider de tourner à gauche avant le tracteur ?* ⇨ *DANGER*

▲ *Attention, prudence avant de tourner, la visibilité vers l'avant est moins bonne.*

## *Limitations de vitesse*

### En ville

Ce panneau 

limite la vitesse à 50 km/h et interdit l'usage du klaxon sauf danger immédiat.

Un panneau 

implanté après ne concerne que cette rue.

La limitation concerne toute la ville.

### Hors agglomération

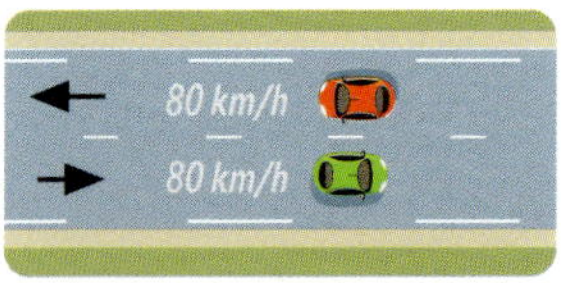


**Route à double sens**

Elles peuvent être à deux voies, trois voies ou quatre voies.

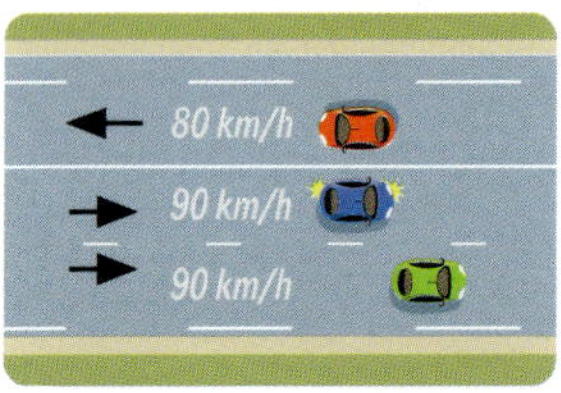


Si la section de route comporte au moins deux voies affectées à un même sens de circulation, la vitesse est limitée à 90 km/h (80 km/h par temps de pluie) uniquement sur ces deux voies.

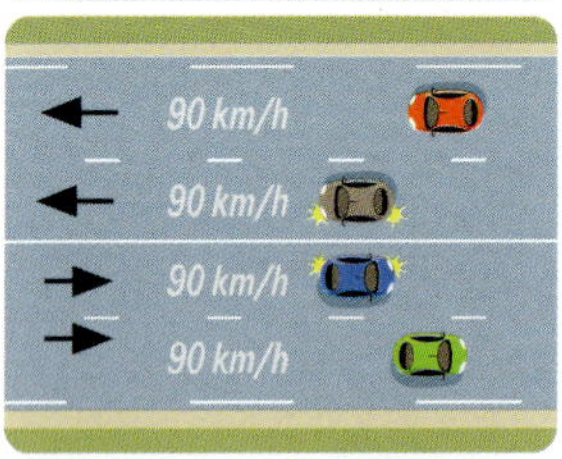


Si la section de route comporte deux fois deux voies séparées par une ligne axiale, la vitesse est limitée à 90 km/h (80 km/h par temps de pluie) sur toutes les voies.

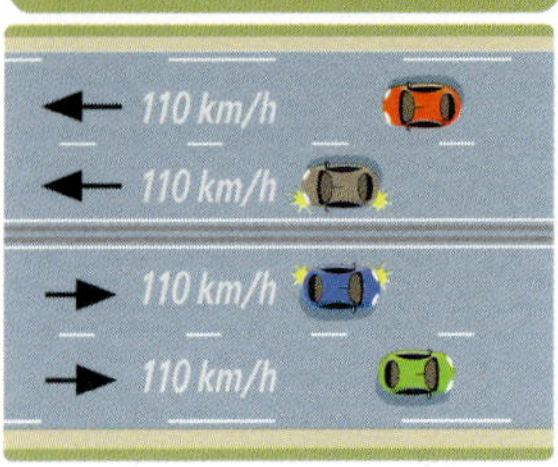


**Route à sens unique**

Elles comportent deux chaussées séparées par un terre-plein central. Sauf indication contraire, la vitesse est limitée à 110 km/h (100 km/h par temps de pluie).

Routes à accès réglementé :

La limitation de vitesse dépend si la route à accès réglementée est à double sens ou à sens unique.

▶ *La vitesse maximale autorisée est différente en fonction du type de route.*

*Les limites sont abaissées :*
- *en cas de pluie,*
- *pour les conducteurs (A) soumis au disque A,*
- *quand la visibilité est réduite à moins de 50 m (brouillard).*

| Conditions atmosphériques normales | Pluie et autres précipitations | A | Visibilité inférieure à 50 m |
|---|---|---|---|
| **Ville** | | | |
| 50 | 50 | 50 | 50 |
| **Route à double sens** | | | |
| 80* | 80 | 80 | 50 |
| **Route à chaussées séparées et autoroute en zone urbaine** | | | |
| 110 | 100 | 100 | 50 |
| **Autoroute** | | | |
| 130 | 110 | 110 | 50 |

* Lorsque la section de route à double sens comporte au moins deux voies affectées à un même sens de circulation, la vitesse maximale est relevée à 90 km/h.

## Limitations ponctuelles

La réduction de la vitesse est justifiée en raison de l'absence de visibilité ou de la présence d'habitations ou de travaux.

Ralentisseurs — Virages — Travaux — Marquage temporaire

Limitation de vitesse — Zone 30 — Zone de rencontre.

▲ *Sortir d'une zone 30 ne veut pas dire rouler systématiquement à 50 km/h.*

▲ *La vitesse est dorénavant limitée à 80 km/h.*

## *Ajustement de la vitesse*

Être maître de sa voiture, cela veut dire pouvoir s'arrêter avant l'accident en toutes circonstances.

Bien conduire, c'est ajuster sa vitesse en fonction des possibilités, des circonstances et des risques. Ralentir et être prêt à freiner est le moyen le plus sûr de rester maître de sa voiture.

Le conducteur ne doit pas toujours circuler à la vitesse maximum autorisée.

Il n'y a pas toujours un panneau qui limite ponctuellement la vitesse.

Un panneau de lieu-dit n'impose pas de vitesse particulière. Mais la présence d'habitations doit inciter à ralentir.

Il faut systématiquement ralentir pour tenir compte :

- de la configuration de la route : virage, sommet de côte, intersection, passage étroit...
- de l'état de la chaussée : boue ou gravillons, pluie ou neige,
- de la présence des autres usagers : animaux, deux-roues, enfants...
- de la présence d'habitations, (un panneau de lieu-dit n'impose pas de vitesse particulière, mais la présence d'habitations doit inciter à ralentir).
- de l'absence de visibilité : nuit, brouillard, vent latéral...
- du trafic...
- des chantiers en cours : ralentissez et désactivez le régulateur de vitesse. Des hommes sont à proximité du chantier ou à côté des véhicules...

▲ *Que se passe-t-il après le sommet de côte ? Ralentir permet d'anticiper sur un imprévu.*

▲ *Ralentissez à l'approche des intersections. Si le pied est déjà devant le frein, ce sont quelques mètres gagnés face à l'imprévu.*

## Conséquences de la vitesse

**L'énergie cinétique**

Quand la voiture avance, elle accumule de l'énergie cinétique.

Lors d'un choc, elle est éliminée par la déformation du véhicule.
Lors du freinage, elle est éliminée en chaleur.
L'énergie cinétique augmente avec le carré de la vitesse.
Vitesse X2 = énergie cinétique X4.

**Force centrifuge**
Dans les virages, la force centrifuge «pousse» le véhicule vers l'extérieur de la courbe. Plus la vitesse est élevée, plus cette force se fait ressentir.

Si l'adhérence est suffisante, la voiture tourne.
Si la force centrifuge est plus forte que l'adhérence, la voiture dérape et quitte sa trajectoire.
Pour réduire la force centrifuge, il suffit de réduire la vitesse avant le virage.

## Les contrôles de vitesse

Ce panneau informe les conducteurs de la présence d'un contrôle automatisé de la vitesse.

Des radars sont implantés aux endroits où la vitesse des conducteurs est inadaptée et le risque d'accident connu. Le conducteur en infraction est identifié par le numéro d'immatriculation. L'avis de contravention est envoyé par la poste au propriétaire du véhicule.
Le radar tronçon calcule la vitesse moyenne du véhicule sur une portion de route.

La vitesse est la distance parcourue en un temps donné.
Elle est exprimée en km/h.
Pour avoir une vraie notion de la vitesse d'une voiture, il faut parler en mètres parcourus par seconde.

| Vitesse | Calcul rapide | Distance exacte |
|---|---|---|
| 30 km/h | 3 x 3 = 9 m/s | 8,3 m/s |
| 50 km/h | 5 x 3 = 15 m/s | 13,89 m/s |
| 80 km/h | 8 x 3 = 24 m/s | 22,22 m/s |
| 130 km/h | 13 x 3 = 39 m/s | 36,1 m/s |

▲ *Pour convertir les km/h en m/s, une méthode approximative mais simple : multiplier le chiffre des dizaines par 3.*

Le conducteur évalue sa vitesse en fonction du défilement du paysage et du bruit du moteur. Mais ces évaluations sont faussées par la largeur de la route, l'accoutumance à l'allure, etc.

▲ *Sur une route étroite bordée d'arbres, l'impression de vitesse est grande.*

▲ *Radar automatique.*

▲ *Radar pédagogique. Il indique la vitesse mais ne verbalise pas. Éteint, il ne fonctionne pas.*

▲ *Jumelles de contrôle de la vitesse.*

## *Se croiser*

### Règles générales

Les croisements se font par la droite et les dépassements par la gauche (sauf exceptions).

Pour croiser un autre usager, il faut ralentir si besoin et serrer à droite pour laisser le plus grand intervalle latéral de sécurité.

### Obstacle sur la chaussée

Le conducteur qui doit faire un écart pour éviter un obstacle doit céder le passage en face.

Un obstacle sur la chaussée, cela peut être :
- des voitures en stationnement,
- des travaux,
- un objet ou tout élément gênant la progression du véhicule.

### Chaussée étroite

C'est le "gros" véhicule (camion - car) qui doit céder le passage.

Un véhicule de plus de 2 m de large ou de 7 m de long doit s'arrêter ou se garer pour faciliter le passage au véhicule plus petit.
En revanche, en ville, il faut faciliter le passage aux bus ou aux cars.

### Signalisation

Une signalisation ou un employé des travaux publics peut régler les ordres de passage.

Vous pouvez passer.

Vous devez céder le passage en face.

Vous devez vous arrêter.

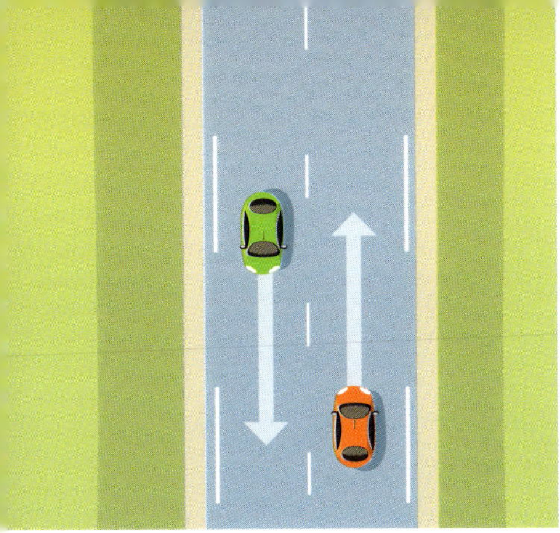

▲ *Croiser.*

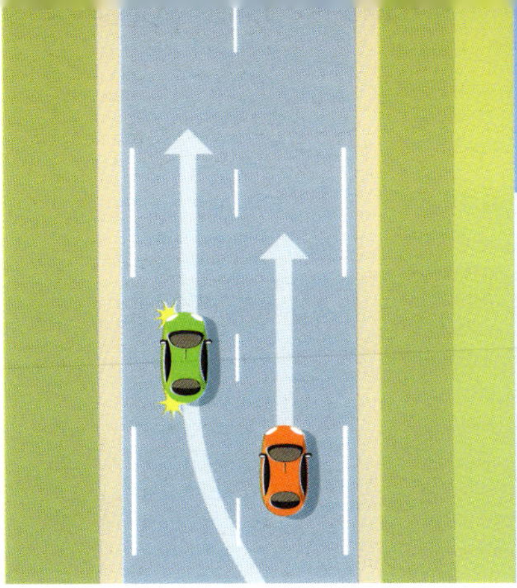

▲ *Dépasser.*

▲ *Priorité au "petit" véhicule.*

▲ *On doit céder le passage à tous les usagers arrivant en face.*

▲ *On est prioritaire.
Si un véhicule en face est déjà engagé, on le laisse passer.*

## *Croisements difficiles*

### Route en pente : croisements difficiles

C'est au véhicule descendant de s'arrêter à temps le premier. (1)

En montagne la manœuvre doit être faite par :

- le véhicule pour lequel c'est le plus facile,
- le véhicule pour lequel c'est le moins dangereux.

Il est plus difficile de repartir dans la montée, c'est pourquoi le véhicule descendant s'arrête en premier et facilite le passage du véhicule montant.

### Route en pente : croisements impossibles

C'est le véhicule le plus maniable qui doit reculer.

(2) Un véhicule unique doit reculer face à un ensemble de véhicules.

(3) Un véhicule léger doit reculer face à un véhicule lourd.

(4) Le véhicule qui descend recule si les 2 véhicules sont de la même catégorie.

**Exception !** Si une place d'évitement est disponible, c'est au véhicule qui se trouve près de cette place de l'utiliser même si pour cela il doit un peu reculer.

▲ *Qui doit s'arrêter ?*

▲ *Qui fait la marche arrière ?*

▲ *Qui fait la marche arrière ?*

▲ *Qui fait la marche arrière ?*

# Croiser et dépasser

## *Dépasser*

Les dépassements s'effectuent par la gauche.

Sur les routes à 3 voies à double sens, il est interdit d'utiliser la voie la plus à gauche pour dépasser, on utilise la voie centrale.

*Créneau de dépassement 90 km/h.*

### Les panneaux

Vérifier que le dépassement n'est pas interdit.

Ce panneau interdit le dépassement de tous les véhicules à moteur sauf les 2 roues sans side-car.

Dépassement interdit pour les transports de marchandises > à 3,5 t.

Ces panneaux mettent fin à l'interdiction de dépasser.

Dépassement interdit à l'approche d'une intersection.
Le conducteur doit céder le passage ou s'arrêter !

Ces panneaux imposent de céder le passage, ils interdisent en même temps de dépasser.

*Possibilité de dépasser un cycliste si personne ne vient de droite.*

Dépassement interdit à l'approche des passages à niveau sans barrière.

On ne peut pas en même temps céder le passage aux trains et dépasser !

*On peut dépasser les 2 roues sans side-car et les véhicules à traction animale si toutes les autres conditions de sécurité sont bonnes.*

*Ne pas tenter le diable même avec un véhicule lent devant soi !*

*Généralement, une ligne continue interdit les dépassements à hauteur des passages à niveau.*

## *Dépasser*

### Le marquage au sol

Une ligne continue peut être accolée à une ligne discontinue.

En règle générale, il est interdit de dépasser en franchissant ou en chevauchant une ligne continue.

Toutefois, pour dépasser un cycliste, seul le chevauchement est autorisé à condition que la visibilité soit bonne.

Attention, franchir totalement la ligne continue reste interdit.

La ligne d'avertissement annonce une ligne continue.

Si le dépassement risque de ne pas être terminé avant le début de la ligne continue, il est interdit de le commencer.

Dès la première flèche, la distance n'est pas suffisante pour dépasser un véhicule roulant normalement.

La ligne de dissuasion comportant des pointillés serrés interdit le dépassement des véhicules roulant à une allure normale.

Elle est généralement implantée sur les routes sinueuses et fréquentées.

Il est possible, si l'espace et la visibilité sont suffisants, de dépasser un véhicule circulant lentement alors qu'il serait dangereux de dépasser un véhicule circulant à 70 km/h.

**Exception!** Sur une autoroute ou sur une route express à hauteur d'une sortie, le dépassement est autorisé quelle que soit l'allure du véhicule.

▲ *Interdiction de franchir si la ligne continue est la plus proche du véhicule.*

▲ *Impossible de finir le dépassement, il faut renoncer et revenir à droite.*

▲ *La ligne autorise le dépassement de ce véhicule lent mais la visibilité ne permet pas de dépasser maintenant.*

## *Conditions indispensables pour dépasser*

- **Vérifier qu'aucune signalisation n'interdit la manœuvre (panneau ou marquage)**

- **Ne pas gêner devant**

| | |
|---|---|
| Bonne visibilité devant. | S'assurer de la bonne visibilité vers l'avant. Dans l'idéal, aucun véhicule ne doit venir en face. Le véhicule que l'on envisage de dépasser ne doit pas avoir d'obstacle devant lui qui l'obligerait à faire un écart à gauche (un piéton ou un cycliste, par exemple). |
| Ne gêner personne. | Il est interdit de dépasser : <br>• à l'approche des virages ou d'un sommet de côte, sauf si la chaussée bénéficie de 2 voies allant dans le même sens de circulation, <br>• par temps de brouillard, de forte pluie ou chute de neige si la visibilité est insuffisante, <br>• en suivant quelqu'un sur les routes à double sens si on ne voit pas devant, <br>• un engin de service hivernal en mission (gyrophares bleus). |

- **Ne pas gêner derrière**

| | |
|---|---|
| Vérifier que personne n'est sur le point de nous dépasser. | Ne pas oublier de tourner la tête à gauche pour s'assurer que personne n'est dans la zone de l'angle mort. |

- **Ne pas dépasser la vitesse maximale autorisée**

- **Pouvoir se rabattre**

| | |
|---|---|
| Savoir à l'avance où l'on pourra se rabattre. | Avant de commencer la manœuvre, il faut prévoir de se rabattre sans gêner le véhicule dépassé et surtout sans lui faire une "queue de poisson". |

▲ *Le conducteur doit s'interroger : est-ce que je vais gêner les véhicules en face ? Où pourrais-je me rabattre sans gêner ?*

▲ *Aucun usager venant par l'arrière ne doit être sur le point de dépasser.*

▲ *Si une seule des conditions n'est pas remplie, la décision de dépasser ne peut être prise.*

## *Dépassements difficiles*

■ **Les deux-roues :**
laisser un espace d'au moins 1 m en ville et 1,50 m à la campagne.

Possibilité de les dépasser à condition d'être sûr de ne pas gêner en face :

- dans les priorités à droite si l'on voit que personne n'arrive,
- dans les virages et les sommets de côte à condition de ne pas franchir le milieu de la chaussée.

■ **Intersections prioritaires.**

On peut dépasser, mais il faut surveiller les usagers qui viennent de gauche et de droite.
En cas de doute, mieux vaut renoncer.

■ **File de véhicules.**

Possibilité de dépasser plusieurs véhicules en une seule fois, en s'assurant qu'aucun d'entre eux ne va déboîter pour effectuer un dépassement (maintenir le clignotant allumé pendant toute la manœuvre).

■ **Passages à niveau avec barrières ou demi-barrières.**

C'est possible si la signalisation ne l'interdit pas, mais il vaut mieux attendre d'avoir franchi le passage à niveau.

■ **Passages pour piétons.**
**Avec prudence !**

Une voiture qui approche d'un passage et qui ralentit peut masquer un piéton qui entame une traversée de la chaussée !

■ **Manque de visibilité sous conditions !**

Le dépassement est possible si une ligne continue protège la voie de dépassement même si la visibilité vers l'avant est insuffisante (virage, côte, brouillard...).

▲ *Dépassement d'un cycliste autorisé dans une priorité à droite, mais à condition que l'intersection soit dégagée !*

▲ *Ce n'est pas parce que le dépassement est autorisé qu'il faut s'engager dans une manœuvre dangereuse (attention au véhicule à l'intersection).*

▲ *Malgré le sommet de côte, le conducteur peut dépasser en utilisant la voie du milieu.*

## *Comment dépasser en toute sécurité ?*

■ Rouler plus vite que le véhicule à dépasser.

Allier vitesse réglementaire et réserve de puissance pour que le dépassement ne dure pas trop longtemps.

■ Avertir en allumant le clignotant gauche.

- Le clignotant gauche est indispensable et s'adresse surtout aux usagers qui suivent.
- Le klaxon ou un appel lumineux est nécessaire si le conducteur qui précède roule trop au milieu de la voie par exemple.

■ Déboîter après un dernier contrôle.

Un contrôle direct peut être utile surtout sur les routes larges (sens unique par exemple), pour être sûr que personne ne se trouve dans l'angle mort.

■ Dépasser en respectant un intervalle latéral suffisant.

Il faut laisser **un intervalle d'au moins 1 mètre en ville et 1,50 mètre hors agglomération** pour dépasser un deux-roues ou un piéton.
Avec les autres usagers, il faut s'écarter autant que possible.

■ Revenir à droite sans faire de "queue de poisson".

Lorsque le véhicule dépassé apparaît dans le rétroviseur intérieur, il faut se rabattre progressivement en maintenant l'allure.

◄ *Pour dépasser facilement, la différence de vitesse doit être d'au moins 20 km/h.*

▲ ***Angle mort :*** *zone sans visibilité en dehors du champ des rétroviseurs.*

▲ *Plus on va vite, plus l'espace latéral doit être important.*

▲ *Lorsque le véhicule est visible dans le rétroviseur intérieur, se rabattre progressivement en maintenant l'allure.*

## *Dépassement par la droite*

Dépasser par la droite est une manœuvre interdite dans des conditions normales.

On peut dépasser par la droite un véhicule qui a indiqué son intention de tourner à gauche et si la place le permet. Attention, empiéter sur une voie réservée à la circulation d'autres usagers (bande cyclable, voie de bus) est interdit.

Lorsque la circulation s'établit en files ininterrompues, si la file de droite va plus vite que la file de gauche, je continue dans ma file : ce n'est pas considéré comme un dépassement.

---

## *Être dépassé*

Ne pas gêner, ne pas surprendre.

Le conducteur qui est sur le point d'être dépassé, doit :

- garder la même allure et surtout ne pas accélérer afin de ne pas fausser les estimations de l'autre conducteur,
- serrer à droite pour garder un espace latéral maximum,
- si la chaussée est mouillée, mettre les essuie-glaces en vitesse rapide dès que l'autre conducteur arrive à sa hauteur,
- la nuit, repasser en feux de croisement, dès que l'autre conducteur a allumé ses feux de route,
- ralentir pour faciliter le dépassement en cas d'urgence.

---

▲ *Dépasser par la droite, c'est continuer sa route en surveillant le comportement du conducteur qui tourne à gauche.*

▲ *Ralentir un peu, c'est peut-être éviter un accident à 3 véhicules et plusieurs victimes.*

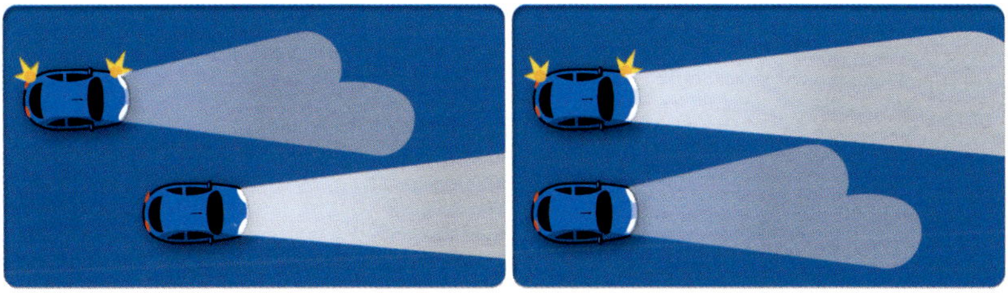

▲ *La nuit, pour ne pas gêner l'autre sans perdre de visibilité, il faut changer de feux pratiquement ensemble.*

## *La signalisation d'interdiction*

**Arrêt.**
Immobilisation temporaire du véhicule.

Le conducteur n'est pas bien loin ; il peut déplacer son véhicule à tout moment.
Cela concerne la montée ou la descente des passagers, le chargement ou le déchargement du véhicule.

**Stationnement.**
Immobilisation plus ou moins prolongée du véhicule en l'absence de conducteur.

Plus de 7 jours
=
Stationnement abusif

**Arrêt interdit.**
**=**
**Arrêt et stationnement interdits.**

Le marquage jaune continu ou le panneau interdit l'arrêt dans le sens de la marche et jusqu'à la prochaine intersection, que ce soit dans la rue ou sur le trottoir !

**Stationnement interdit.**
**=**
**Arrêt autorisé.**

Le marquage discontinu jaune sur le trottoir (ou la chaussée) interdit le stationnement au-delà du panneau et jusqu'à la prochaine intersection. L'arrêt est toléré.

**Attention :**
Ce panneau ne met pas fin à l'arrêt et au stationnement interdits.

**Entrée de zone** à stationnement interdit.

L'interdiction de stationner s'applique jusqu'à un panneau de sortie de zone ou de sortie d'agglomération.

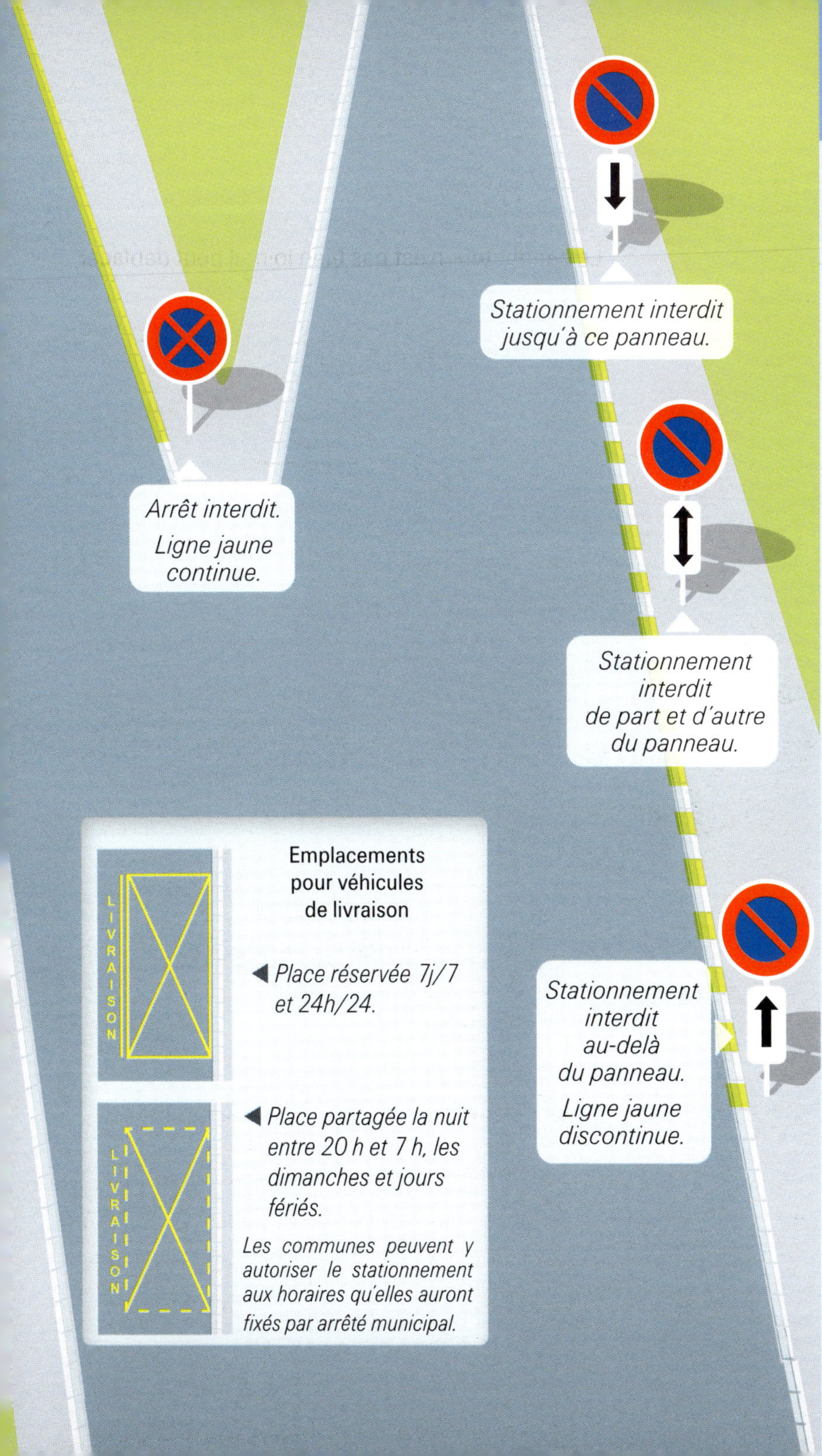
Arrêt interdit.
Ligne jaune continue.
Stationnement interdit jusqu'à ce panneau.
Stationnement interdit de part et d'autre du panneau.
Stationnement interdit au-delà du panneau.
Ligne jaune discontinue.
Emplacements pour véhicules de livraison
LIVRAISON
Place réservée 7j/7 et 24h/24.
LIVRAISON
Place partagée la nuit entre 20 h et 7 h, les dimanches et jours fériés.
Les communes peuvent y autoriser le stationnement aux horaires qu'elles auront fixés par arrêté municipal.

**Panonceau**
Un panonceau placé sous un signal limite la portée de l'interdiction.

- Interdit aux transports de marchandises.

- Interdit aux remorques ou aux caravanes (PTRA ≤ 3,5 t).

- Réservé aux titulaires de la carte de stationnement.

- Réservé aux véhicules électriques pendant leur recharge.

- Réservé aux véhicules bénéficiant du label "autopartage".

- Réservé aux véhicules des usagers pratiquant le covoiturage.

## *Stationnement payant*

Prendre un ticket à un horodateur.

Sur le ticket figure l'heure limite de stationnement. On le place derrière le pare-brise.
Parfois, le paiement peut se faire avec une carte à puce qu'on se procure dans les bureaux de presse.
Dans certaines villes, des parcmètres portables individuels sont utilisés : il s'agit de boîtiers électroniques qu'il suffit d'accrocher au rétroviseur.
Une carte à puce fait office de porte-monnaie et est créditée d'un certain nombre d'unités.

## *Stationnement gratuit contrôlé par disque*

**Zones bleues**
Les emplacements sont souvent mis en valeur par un marquage bleu.

On prend connaissance de la durée autorisée sur le panneau d'entrée de zone et on place derrière le pare-brise, un disque indiquant l'heure à laquelle on est arrivé.

▲ *Seuls les titulaires de cette carte peuvent s'arrêter ou stationner sur cet emplacement.*

▲
*Dans une rue.*

▲
*Dans toute une zone.*

▲
*Dans un parking.*

"PAYANT" *est parfois inscrit sur le bitume.*

Entrée

Sortie

## *Stationnement unilatéral à alternance semi-mensuelle*

**■ Dans un quartier**

**1re quinzaine du mois :**
stationnement côté impair.

**2e quinzaine du mois :**
stationnement côté pair.

Quand la ville entière est concernée, le panneau est implanté à proximité du panneau d'entrée d'agglomération.

Tous les 15 jours, le stationnement change de côté. Il se fait le 15 et le dernier jour du mois entre 20 h 30 et 21 h.

Faire systématiquement demi-tour.
Ne jamais stationner à contresens.

**■ Dans une rue**

**Interdit du 1 au 15**
1re quinzaine du mois.

**Du 1er au 15 :**
interdiction de stationner du côté de la rue où ce panneau est implanté.

**Interdit du 16 au 31**
2e quinzaine du mois.

**Du 16 au 31 :**
interdiction de stationner du côté de la rue où ce panneau est implanté.

**■ Combinaisons panneaux/panonceaux**
Non seulement le stationnement peut être unilatéral, alterné et semi-mensuel mais en plus, il peut être payant ou contrôlé par disque !

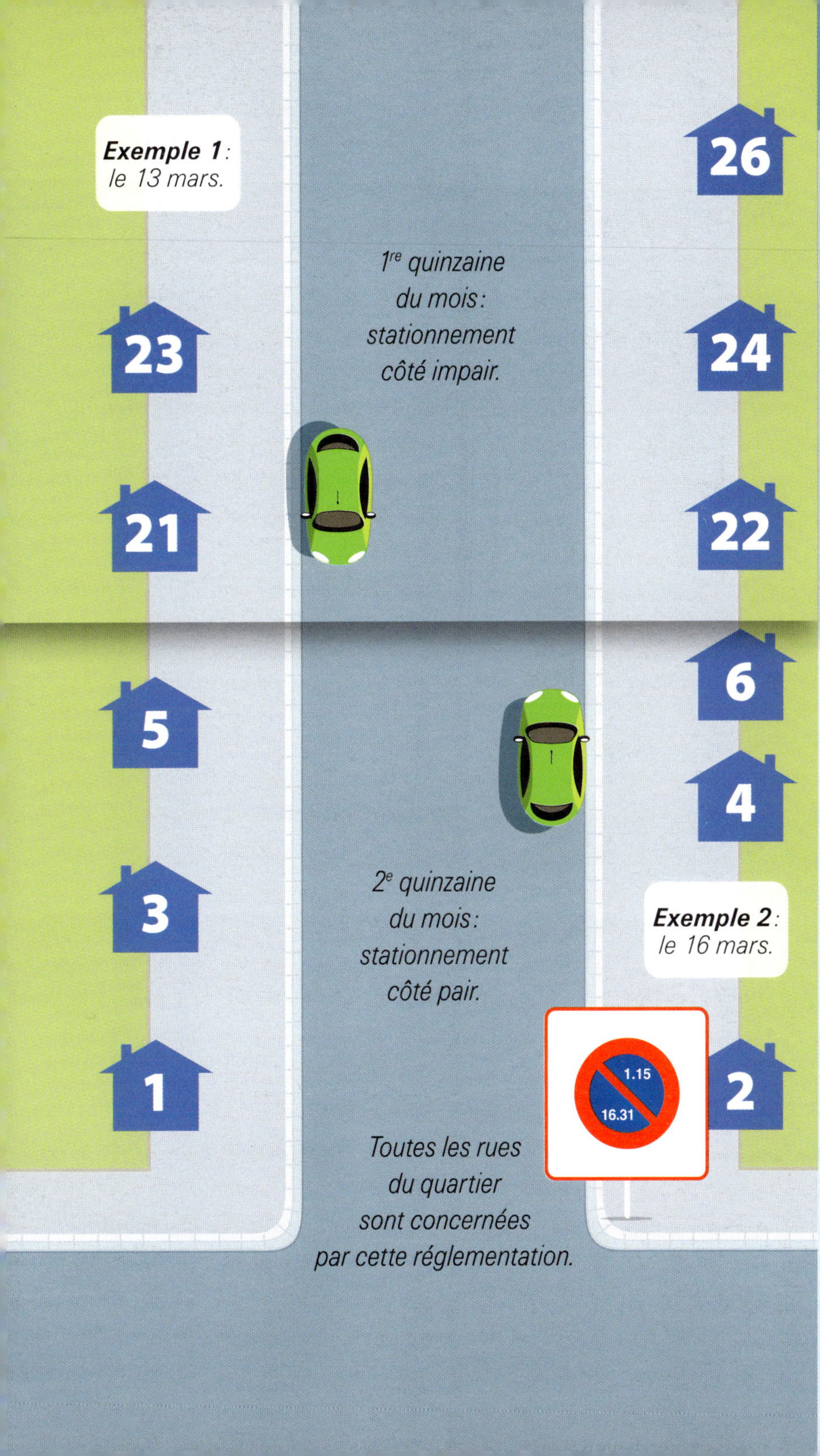

**Exemple 1** : le 13 mars.
26
1re quinzaine du mois : stationnement côté impair.
23
24
21
22
6
5
4
2e quinzaine du mois : stationnement côté pair.
3
**Exemple 2** : le 16 mars.
1
1.15
16.31
2
Toutes les rues du quartier sont concernées par cette réglementation.

## *Où stationner en ville ?*

**Dans une rue à double sens de circulation**

On stationne à droite, dans le sens de la marche, le long du trottoir.

Faire un créneau est souvent nécessaire.
Si aucune place n'est libre, il faut aller faire demi-tour pour stationner en sens inverse.
On se place sur les emplacements délimités quand ils existent.

**Dans une rue à sens unique**

Il est possible de se garer à gauche ou à droite.

Toutes les versions existent : le stationnement peut se faire à droite, à gauche ou des deux côtés dans la mesure où le marquage au sol le permet.

**Dans les parkings**

Le marquage au sol conditionne la manière de se garer.

**En créneau.**
La voiture est placée le long du trottoir en marche avant ou en marche arrière.

**En épi.**
On se gare en biais. L'orientation des lignes impose une marche arrière ou une marche avant.

**En bataille.**
La voiture est garée perpendiculairement au trottoir.
Stationner en marche arrière offre une meilleure visibilité pour repartir.

▲ *Stationner à contresens est extrêmement dangereux.*
*Avant de repartir, il faut prendre en compte les véhicules arrivant en face et ceux arrivant derrière. C'est la raison pour laquelle en ville c'est interdit.*

**En créneau**

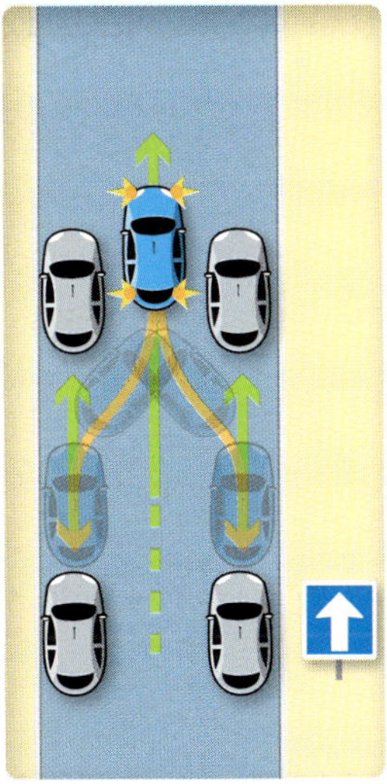

**En épi**

**En bataille**

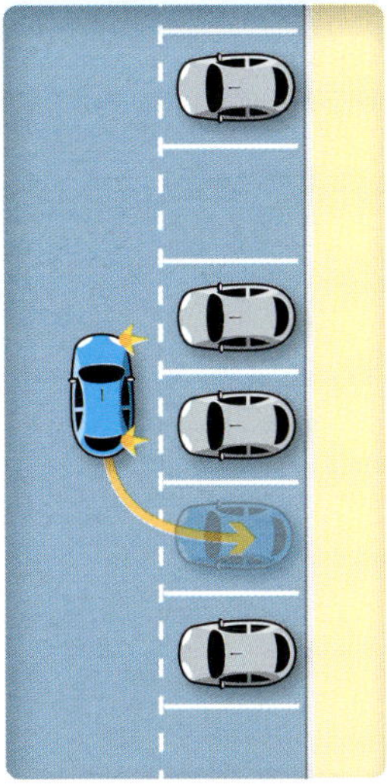

## Où stationner en ville ?

### Nuit

Si l'éclairage est nul ou insuffisant, il faut au minimum allumer le feu de stationnement côté circulation (ou les feux de position).

Il est inutile de laisser les feux de position allumés si l'éclairage public est suffisant ou si le véhicule est stationné en dehors de la chaussée, par exemple sur un parking.

### Arrêt et Stationnements interdits

**Dangereux...**

À proximité des intersections, des virages, des sommets de côte, des passages à niveau, etc.

- Sur la chaussée la nuit ou par temps de brouillard dans un lieu où il n'y a pas d'éclairage public et lorsque le véhicule n'a pas de feux allumés.

**Très gênants...**

Sur les endroits réservés à la circulation d'autres usagers :

- Sur les trottoirs (sauf indication contraire), les bandes cyclables, les voies d'autobus, de taxis...
- Sur une distance de 5 mètres en amont des passages piétons (voiture uniquement).
- Sur les emplacements réservés aux titulaires de la carte handicapé.

**Gênants...**

- À hauteur d'une ligne continue si cela oblige les autres usagers à la chevaucher.
- Sur les ponts, dans les passages souterrains et dans les tunnels.

### Stationnements interdits

L'arrêt est toléré lorsque le conducteur a la possibilité de bouger son véhicule à tout moment.

- Devant les entrées privées, les garages, les parcs...
- En double file.
- Sur les emplacements réservés aux véhicules de livraisons ou au rechargement des véhicules électriques.

▲ *Dangereux*

▲ *Gênant*

◀ *Très gênant*

◀ *Arrêt toléré mais stationnement interdit.*

Le montant de l'amende varie selon l'infraction pour l'arrêt ou le stationnement gênant, très gênants ou dangereux.

## *Où stationner sur route ?*

### Où stationner en sécurité ?

Sur l'accotement
pour ne pas encombrer
la chaussée.
À droite pour ne pas
traverser la chaussée.

Stationner du côté gauche oblige à traverser la route pour aller sur l'accotement et implique une prise de risque au moment de repartir pour rejoindre la voie de droite.

### La nuit

Sur l'accotement
ou dans les parkings,
aucune raison
de signaler le véhicule.

Si pour cause d'incident mécanique ou autre, un véhicule est immobilisé en partie sur la chaussée, il est impératif de le signaler avec les feux de détresse et un triangle de présignalisation en plus des feux.

### Arrêt et stationnement interdits

**Dangereux :**
c'est un stationnement qui, par son positionnement peut être à l'origine d'un accident.

À proximité :
- des intersections,
- des virages,
- des sommets de côte,
- des passages à niveau.

**Très gênant :**
c'est un stationnement qui, sans être dangereux, peut provoquer une gêne à la circulation.
Amende de 4$^{e}$ classe.

- À proximité des panneaux pour ne pas les cacher.
- Sur les voies vertes, les bandes et pistes cyclables.

**Gênant :**
c'est un stationnement qui, sans être dangereux, peut provoquer une gêne à la circulation.
Amende de 2$^{e}$ classe.

- Sur les ponts, dans les passages souterrains et les tunnels.
- Aux emplacements réservés à l'arrêt des cars parce que cela les obligerait à s'arrêter sur la chaussée.
- Sur la bande d'arrêt d'urgence.

▲ *En dehors de la chaussée, c'est un endroit où l'on ne gêne personne et qui ne présente pas de danger.*

◀ *Inutile de signaler un véhicule bien garé qui ne gêne personne.*

◀ *S'arrêter ici est très gênant.*

Arrêt et stationnement très gênant : amende forfaitaire de 135 €.

▲ *Pour quitter un stationnement, on met le clignotant gauche seulement quand la voie est dégagée derrière !*

# En résumé

## CIRCULATION EN FILES

- **En marche normale,** voie de droite.
- **Changement de file interdit,** sauf pour changer de direction.

## INTERSECTION ENCOMBRÉE

- **Ne pas s'engager.**

## VITESSES MAXIMALES

- **Beau temps :** 50 - 80 ou 90 - 110 - 130
- **Mauvais temps :** 50 - 80 - 100 - 110
- A : 50 - 80 - 100 - 110

## CHANGER DE DIRECTION

Avant tout changement de direction, assurez-vous que vous avez été vu et compris et contrôlez l'ordre de passage des véhicules.

Pour tourner à droite, serrez à droite après avoir vérifié qu'un deux-roues ne s'est pas infiltré.

Pour tourner à gauche, serrez l'axe de la chaussée, ou bien placez-vous dans la voie centrale sur les chaussées au nombre impair de voies, cèdez le passage si nécessaire et dégagez rapidement l'intersection.

Pour tourner à gauche dans un sens unique, placez-vous à gauche.

## FEUX TRICOLORES

- **Vert :** passez si l'intersection est libre.
- **Jaune :** arrêtez-vous.
- **Rouge :** arrêtez-vous et attendez le feu vert.
- **Jaune clignotant ou feux éteints :** tenez compte du panneau, s'il n'y en a pas, cédez le passage à droite.

## AGENTS

- **Agent de face ou de dos :** arrêtez-vous.
- **Agent de profil :** passez. Les signes des agents l'emportent sur les feux et les panneaux.

## CROISEMENTS

- **Croisement difficile :** ralentissez, serrez à droite.
- **Obstacle sur la voie de droite :** cédez le passage en face.
- **Passage étroit :** le « gros » laisse passer le « léger ».
- **Forte déclivité :**

- celui qui descend s'arrête le premier,
- si une marche arrière est nécessaire, c'est le plus maniable qui recule.

## DÉPASSEMENTS

**Il est interdit de dépasser :**

> quand un panneau ou un marquage au sol l'interdit,
> sur une route à double sens si la visibilité est insuffisante,
> aux intersections où vous pouvez avoir à céder le passage,
> si vous risquez de gêner un autre usager,
> par la droite (sauf si un usager tourne à gauche),
> aux passages à niveau sans barrière ni demi-barrières.

**Pour dépasser :**

> contrôlez devant, derrière, sur le côté,
> avertissez,
> dépassez rapidement en laissant un espace latéral suffisant (au moins 1 m en ville et 1,50 m en rase campagne pour piétons, deux-roues...),
> rabattez-vous progressivement quand l'usager dépassé apparaît dans le rétroviseur intérieur.

**Être dépassé :**

> gardez son allure,
> serrez à droite.

## ARRÊTS/STATIONNEMENTS

**Définitions**

**Arrêt :** charger/décharger bagages ou montée/descente de passagers, conducteur à proximité.
**Stationnement :** autres cas.
**Stationnement abusif :** plus de 7 jours.

- **Où stationner ?**

**En ville,** placez-vous sur la chaussée, le long du trottoir, dans le sens de la marche.
**Hors agglomération,** arrêtez-vous ou stationnez autant que possible :
- à droite,
- sur l'accotement.

- **Arrêt et stationnement interdits.**

Quand l'arrêt est interdit, le stationnement l'est aussi.
Ne vous arrêtez pas ou ne stationnez pas si :
- vous gênez d'autres usagers,
- vous risquez de provoquer un accident.

Il est interdit de s'arrêter ou de stationner sur la bande d'arrêt d'urgence (sauf cas d'urgence).

**L'arrêt est toléré :**

> devant une porte de garage,
> en double file si cela n'est pas trop gênant pour la circulation.

LA PRISE DE MÉDICAMENTS MODIFIE
LES CAPACITÉS D'ATTENTION.

# Le conducteur

## Qu'est-ce que conduire ?

■ **Conduire** est une activité qui mobilise tous les sens, toute l'attention.

Pour conduire, il faut observer sans cesse son environnement immédiat (intérieur du véhicule) et lointain (extérieur du véhicule); analyser la situation et décider de ce qu'il faut faire; agir sur les commandes et tout cela en permanence.

## L'exploration visuelle

Apprendre à voir, c'est s'imposer une méthode d'observation qui permet d'anticiper.

■ **Regarder large**

L'œil ne peut pas tout voir en même temps. Il opère une sélection grâce à la vision périphérique qui capte les mouvements et les contrastes. C'est ce champ de vision qui alerte le cerveau et qui demande à la vision centrale d'aller voir ce que c'est.

■ **Regarder loin**

Pour éviter d'être surpris, il faut déplacer le regard loin devant, jusqu'à 5 secondes au moins devant soi.

■ **Regarder autour de soi**

Les rétroviseurs permettent de voir sur les côtés et vers l'arrière.
Mais il reste indispensable de tourner la tête pour voir dans les angles morts.

■ **Angles morts**

Zones de non-visibilité et non couverte par les rétroviseurs.

■ **La nuit**

Pour ne pas être ébloui lors d'un croisement, diriger le regard vers le bord droit de la chaussée.

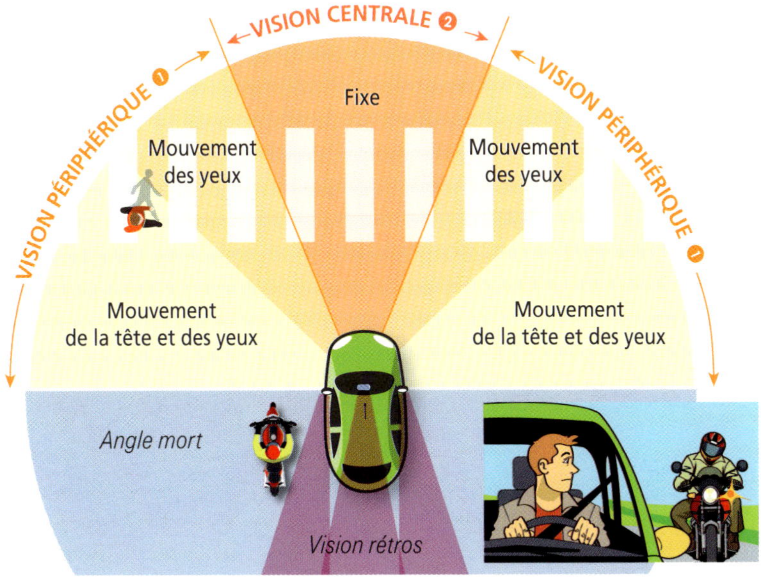


*Le champ de vision périphérique ❶ est très important pour détecter les autres usagers en circulation. Le champ de vison centrale ❷ est très important pour identifier tous les indices nécessaires à la conduite.*

▲ *À l'arrêt, le champ de vision est de 180°.*
*La vitesse réduit le champ visuel exploitable.*
*Avec la vitesse, certains indices échappent au conducteur.*

| | |
|---|---|
| *À 50 km/h* | *5 secondes = 70 m* |
| *À 80 km/h* | *5 secondes = 111 m* |
| *À 90 km/h* | *5 secondes = 125 m* |
| *À 130 km/h* | *5 secondes = 180 m* |

## *Stratégie de conduite*

Sur la route, les situations changent rapidement. L'œil ne peut pas voir tous les indices en même temps. À travers la foule d'informations parvenant à notre cerveau, il faut pouvoir détecter celles qui sont susceptibles d'être une source de danger.

**■ Observer**

Positionner le regard pour assurer la direction du véhicule et rechercher les indices.

**■ Analyser et prévoir**
Pour chaque indice important, le conducteur prévoit ce qui peut se passer.

Le conducteur évalue les situations potentiellement à risque. Il envisage les solutions possibles et choisit la meilleure solution.
On ne voit pas tout car on prélève qu'un échantillon de l'information disponible. Mais heureusement, l'expérience permet de sélectionner dans un temps court, les indices pertinents.

**■ Agir**
Ces 3 moyens utilisables ensemble ou séparément permettent au conducteur de ne pas gêner ou d'être surpris.

Le conducteur intervient sur les commandes de son véhicule pour ne pas gêner ni être surpris.

3 types d'actions possibles :
- changer de trajectoire (les modifications de trajectoire sont souvent très limitées),
- modifier son allure (pour freiner, pour accélérer ou pour augmenter les distances de sécurité),
- avertir les autres usagers (les avertisseurs permettent de signaler sa présence aux autres).

**VOIR** Quels sont les indices à prendre en compte ?

▲ *Le piéton semble décidé à s'engager hors du passage.*

## PENSER

À quoi faut-il s'attendre ?
Que faut-il faire ?

▲ *Cette voiture s'est décalée. Elle risque de me dépasser.*

▲ *Je dois céder le passage à droite*

**AGIR** Que puis-je faire au plus vite ?

*Lâcher l'accélérateur pour réduire ma vitesse et mettre le pied devant le frein.*
*Alerter celui qui me suit en appuyant sur la pédale de frein.*
*Rétrograder...*

## *Les situations à risques*

■ Connaître les risques pour les prévoir. L'expérience permet de cibler les indices importants.

La prévision et la décision sont plus rapides si le conducteur a déjà rencontré une grande variété de situations comparables. Il sait alors mieux ce qui peut se passer et ce qu'il doit faire :
cela s'appelle "l'expérience".

■ **Exemples** :

Détecter le regard de l'autre.

- **Les intersections.**
  Ralentissez, c'est un lieu où se rejoignent tous les usagers. Assurez-vous d'avoir été bien vu et compris.

N'oubliez pas de regarder en vision directe (tourner la tête).

- **Les changements de direction.**
  Avant de changer de direction, vérifiez la circulation devant, derrière et mettez votre clignotant. Soyez particulièrement vigilant le long des bandes cyclables si vous tournez à droite.

Surveillez attentivement les rétroviseurs. Un motard est moins bien perçu qu'une voiture.

- **Le dépassement.**
  Avant de dépasser, assurez-vous de la visibilité vers l'avant, de l'absence d'autres usagers vers l'avant ou au niveau d'une intersection et de ne pas être sur le point d'être dépassé.

## *Conduire pour soi et pour les autres*

■ Le code de la route ne résout pas toutes les situations. Il faut savoir laisser sa place aux autres.

S'insérer sur une voie rapide, quitter un stationnement, aborder une intersection encombrée, arriver sur un croisement difficile, circuler en présence d'un véhicule encombrant ou prioritaire. Toutes ces situations sont résolues si on met du bon sens et de la courtoisie.

1

**Voir**

***Où devez-vous regarder ?***
***Sur quoi devez-vous porter votre attention ?***

Une rue, des voitures stationnées, une roue braquée, un conducteur au volant... Ces éléments constituent des indices. Pour chaque indice, le conducteur imagine ce qui pourrait se passer.

2

**Penser**

***À quoi faut-il s'attendre ? Que faut-il faire ? Prévoyez l'issue de chacune des solutions possibles.***

Le conducteur évalue les risques et choisit la meilleure solution. Pour chaque indice important, il prévoit ce qui peut se passer. Le conducteur ne vous a peut-être pas vu... La voiture peut quitter son stationnement...

3

**Agir**

Une fois la décision prise, agissez dans le but d'éviter un danger : mettez le pied devant le frein, klaxonnez, freinez, écartez-vous...

## *Communiquer avec les autres*

Être vu et bien compris est indispensable pour ne pas gêner et ne pas surprendre.

**Les clignotants**
Pas trop tôt pour ne pas surprendre.

Utiliser le clignotant avant tout changement de direction, dépassement, changement de voie, pour s'arrêter ou pour sortir d'un stationnement même sans usager visible.

**Le klaxon**
Il est interdit en ville ou la nuit, sauf en cas de danger immédiat.

Les signaux sonores doivent être brefs et justifiés pour avertir les autres usagers (dépassement, approche d'une intersection, d'un virage, etc.).

**Les avertisseurs lumineux**

**Ralentir** : faire clignoter les feux stop.

**La nuit** : avertir d'un danger par les appels lumineux.

Les feux stop s'allument dès que le conducteur appuie sur la pédale de frein. Pour attirer l'attention des autres usagers qui suivent, il est utile de les faire clignoter.

On utilise les appels lumineux la nuit par exemple en cas d'éblouissement, avant de dépasser à l'approche d'une intersection ou pour avertir les autres. Ils ne sont pas interdits de jour.

**Les feux de détresse**
Ils permettent de signaler une situation anormale et évitent de se faire percuter par l'arrière par un conducteur n'ayant pas vu au loin le ralentissement.

Il faut les allumer :

- si le véhicule roule à une allure très réduite (ennui mécanique),
- si on est le dernier véhicule d'une file arrêtée ou si un ralentissement brusque se produit,
- si on est en panne sur la chaussée ou sur la bande d'arrêt d'urgence.

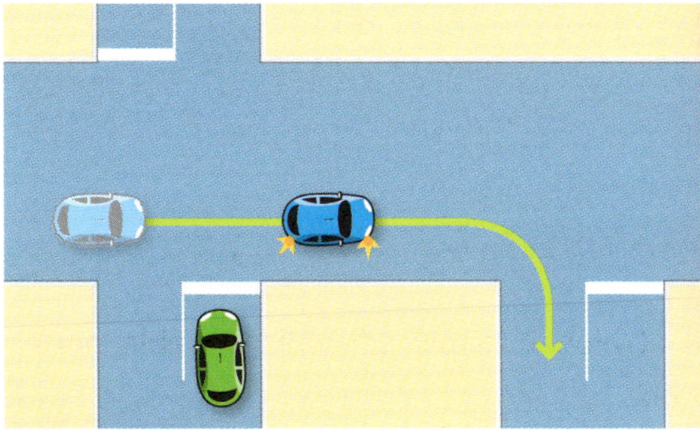

Actionner le clignotant au bon moment, ni trop tôt, ni trop tard, le temps pour les autres de comprendre et de réagir. L'éteindre dès que la manœuvre est terminée.

Virage sans visibilité. Klaxonnez pour prévenir et ralentissez !

Un appel lumineux rappellera à l'ordre ce conducteur !

Allumez les feux de détresse pour alerter les autres que la circulation est arrêtée.

Parfois un signe de la main, un sourire pour remercier ou faire signe de passer. Un regard pour s'assurer d'avoir été vu.

## *Maintenir des intervalles de sécurité autour du véhicule*

**Devant soi**
L'intervalle entre deux véhicules doit être au minimum de deux secondes.

Choisir la meilleure position sur la route, c'est se tenir à bonne distance des autres usagers.
En ne se rapprochant jamais trop des autres, le conducteur conserve un espace confortable qui lui laisse le temps de modifier son allure ou sa trajectoire.
Il se donne ainsi le temps d'agir si la voiture qui précède freine, ou fait un écart.

Plus de 2 secondes

- si la circulation est dense, par mauvais temps,
- si vous êtes suivi de près,
- si vous êtes fatigué ou préoccupé...

**Derrière soi**
Contrôler régulièrement les rétroviseurs.

**Sur le côté, pour les piétons, deux-roues, cavaliers et animaux :**
- **1 m mini en ville**
- **1,50 m mini à la campagne**

Tenir compte des écarts fréquents et non prévus.
En dépassant ou en croisant un autre véhicule.
Il est nécessaire d'adapter la distance et sa vitesse au risque.
Plus l'espace de liberté est important, plus il est facile d'éviter un problème.

**Dans un tunnel**

Dans certains tunnels, des diodes bleues sur les parois ou des chevrons au sol, aident au maintien de la distance de sécurité.
Une distance correcte correspond à 2 diodes bleues ou 2 chevrons.

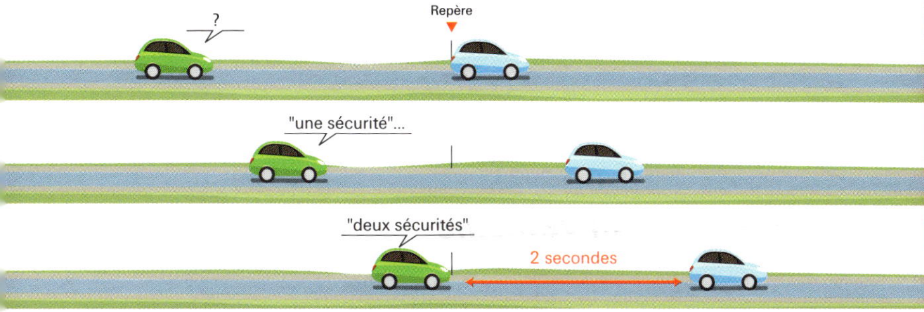


▲ *Comment évaluer 2 secondes en conduisant ? Attendre que le véhicule devant arrive à hauteur d'un repère fixe (poteau, panneau...). Dites "une sécurité, deux sécurités". Si vous êtes au repère avant d'avoir terminé la phrase, c'est que vous suivez le véhicule de trop près. Ralentissez !*

▶ *Calcul approximatif mais rapide pour connaître cet intervalle en mètres.*

| Vitesse | 1 seconde | Distance de sécurité |
|---|---|---|
| 50 km/h | 5 x 3 | 15 x 2 ▶ 30 m |
| 80 km/h | 8 x 3 | 24 x 2 ▶ 48 m |
| 90 km/h | 9 x 3 | 27 x 2 ▶ 54 m |
| 110 km/h | 11 x 3 | 33 x 2 ▶ 66 m |
| 130 km/h | 13 x 3 | 39 x 2 ▶ 78 m |

▲ *2 traits de la bande d'arrêt d'urgence représentent un bon intervalle de sécurité à 130 km/h.*

▼ *Ligne de rive sur autoroute.*

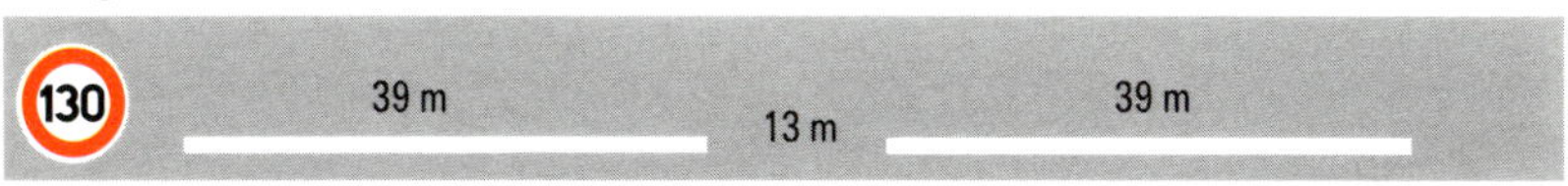


▼ *Ligne de délimitation de voies sur route.*

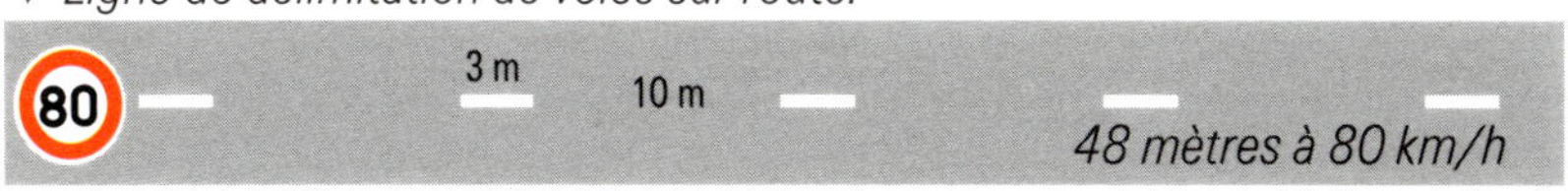


▼ *Ligne de rive sur route.*

## S'arrêter à temps

**Le temps de réaction**
Pendant le temps de réaction, le véhicule continue d'avancer à la même vitesse.

Un conducteur surpris par un événement met du temps avant d'agir : c'est le temps de réaction.
La durée moyenne est évaluée à une seconde mais peut atteindre deux secondes (ou plus) suivant la vigilance ou l'état physique du conducteur :
- fatigue,
- distraction (téléphone, conversation...),
- prise d'alcool, de drogue ou de médicaments.

Calcul rapide et approximatif de la distance parcourue en 1 seconde :
multiplier par 3 le nombre des dizaines de la vitesse.
Exemples : 80 km/h 3 x 8 soit 24 m ; 30 km/h 3 x 3 soit 9 m

**La distance de freinage**
C'est dès la mise en action des freins jusqu'à l'arrêt du véhicule.

La distance de freinage dépend de la vitesse et de l'adhérence.
Lorsque l'adhérence est réduite (boue, feuilles, gravillons, pluie, neige, verglas...), la distance de freinage est allongée.
Sur chaussée mouillée, elle est multipliée par deux.
Sur le verglas, l'adhérence est quasiment nulle.
C'est la vitesse qui a le plus d'influence sur la distance de freinage car celle-ci varie avec le carré de la vitesse.
Quand la vitesse double, la distance de freinage est multipliée par quatre.

**La distance d'arrêt**
C'est la distance nécessaire pour s'arrêter : RÉACTION + FREINAGE

La distance d'arrêt dépend :
- du degré de vigilance du conducteur (le temps de réaction peut varier d'1/2 seconde à deux, voire trois secondes),
- de la vitesse adoptée par le conducteur,
- de l'adhérence.

*Le temps de réaction.*

***Le temps de réaction*** *correspond à la durée que met le conducteur, lorsqu'il rencontre une situation d'urgence pour :*

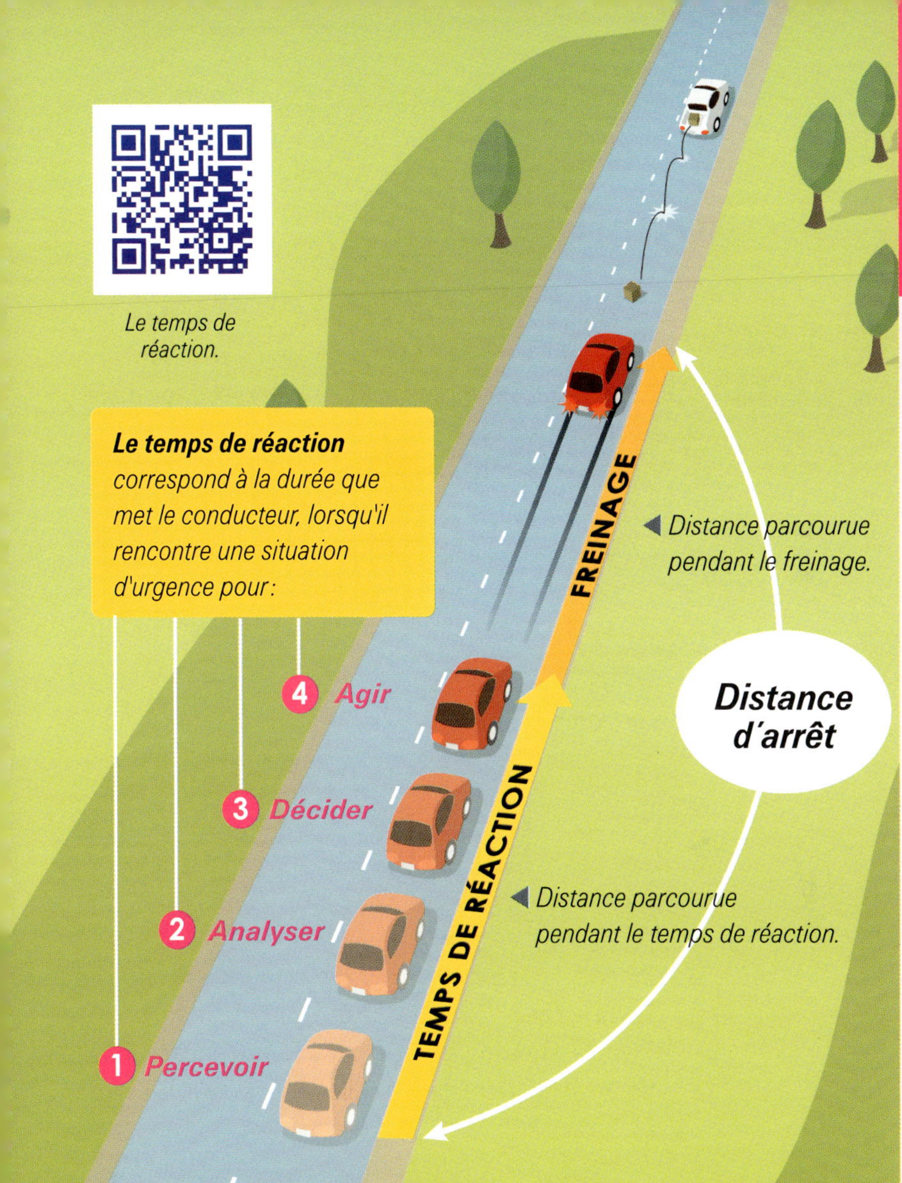


**Calcul rapide et approximatif de la distance d'arrêt**

| *Vitesse* | *Route sèche* | *Route mouillée* |
|---|---|---|
| 50 km/h | 25 m | 38 m |
| 80 km/h | 64 m | 96 m |
| 90 km/h | 81 m | 122 m |
| 130 km/h | 169 m | 254 m |

- ***Sur route sèche,*** *multiplier par lui-même le nombre des dizaines de la vitesse.*
- ***Sur route mouillée,*** *ajouter la moitié du résultat obtenu.*

## *Évaluer son état physique*

Conduire un véhicule exige certaines capacités physiques : motricité, rapidité d'action, vision, audition...

Pour l'obtention du permis, un candidat doit signer une déclaration sur l'honneur sur un formulaire (Cerfa 02 ou fac similé téléchargeable sur le site de l'ANTS) et signaler l'existence ou non d'une infirmité d'un ou plusieurs membres, ou d'une maladie incompatible avec la conduite.

Dans certains cas, le candidat devra se présenter devant une commission médicale. Les médecins décident au cas par cas de délivrer ou non une autorisation et du code qui sera inscrit sur le permis de conduire.

**■ Maladies**

Certaines maladies peuvent entraîner une restriction temporaire ou définitive du permis de conduire (hypertension sévère, diabète sévère, épilepsie, dépendances aux drogues, apnée du sommeil...). Elles nécessitent un suivi. La conduite ou la reprise de la conduite est soumise à un examen médical.

**■ Handicaps**

Parfois des aménagements (rétroviseurs bilatéraux, embrayage automatique, etc.) peuvent permettre de conduire.

Lorsque ces aménagements prennent un caractère obligatoire, des restrictions sont alors portées sur le permis de conduire.

**■ La responsabilité du conducteur**

Aucune visite médicale n'est obligatoire pour conserver le permis B.

Chaque automobiliste a une responsabilité dans l'évaluation de son état de santé et de ses capacités à conduire. C'est pourquoi, il est indispensable de faire vérifier régulièrement ses capacités physiques à conduire.

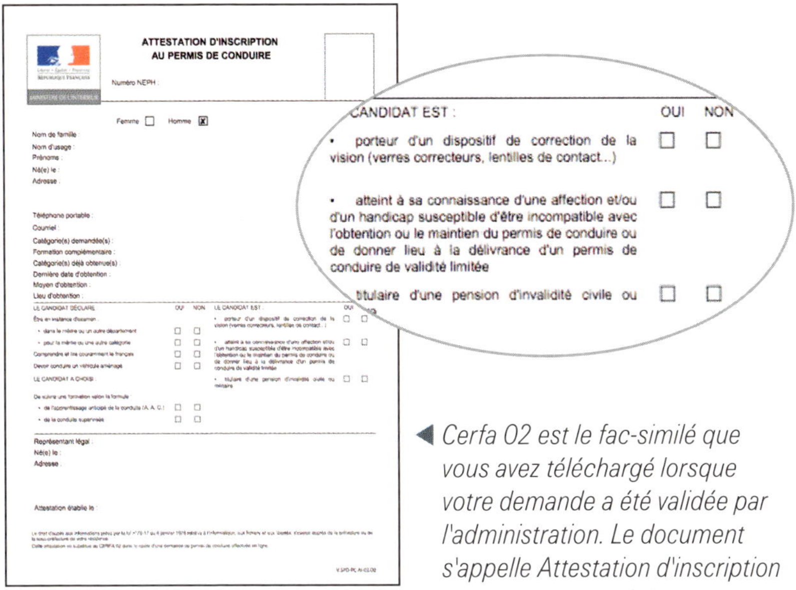

**ATTESTATION D'INSCRIPTION AU PERMIS DE CONDUIRE**

Numéro NEPH :

Femme ☐ Homme ☒

Nom de famille :
Nom d'usage :
Prénoms :
Né(e) le :
Adresse :

Téléphone portable :
Courriel :
Catégorie(s) demandée(s) :
Formation complémentaire :
Catégorie(s) déjà obtenue(s) :
Dernière date d'obtention :
Moyen d'obtention :
Lieu d'obtention :

| LE CANDIDAT DÉCLARE | OUI | NON |
|---|---|---|
| Être en instance d'examen : | | |
| • dans le même ou un autre département | ☐ | ☐ |
| • pour la même ou une autre catégorie | ☐ | ☐ |
| Comprendre et lire couramment le français | ☐ | ☐ |
| Devoir conduire un véhicule aménagé | ☐ | ☐ |
| LE CANDIDAT A CHOISI : | | |
| De suivre une formation selon la formule : | | |
| • de l'apprentissage anticipé de la conduite (A. A. C.) | ☐ | ☐ |
| • de la conduite supervisée | ☐ | ☐ |

| LE CANDIDAT EST : | OUI | NON |
|---|---|---|
| • porteur d'un dispositif de correction de la vision (verres correcteurs, lentilles de contact...) | ☐ | ☐ |
| • atteint à sa connaissance d'une affection et/ou d'un handicap susceptible d'être incompatible avec l'obtention ou le maintien du permis de conduire ou de donner lieu à la délivrance d'un permis de conduire de validité limitée | ☐ | ☐ |
| • titulaire d'une pension d'invalidité civile ou militaire | ☐ | ☐ |

Représentant légal :
Né(e) le :
Adresse :

Attestation établie le :

V.SPD-PC AI-03.00


CANDIDAT EST : OUI NON
• porteur d'un dispositif de correction de la vision (verres correcteurs, lentilles de contact...)
• atteint à sa connaissance d'une affection et/ou d'un handicap susceptible d'être incompatible avec l'obtention ou le maintien du permis de conduire ou de donner lieu à la délivrance d'un permis de conduire de validité limitée
titulaire d'une pension d'invalidité civile ou


◀ *Cerfa 02 est le fac-similé que vous avez téléchargé lorsque votre demande a été validée par l'administration. Le document s'appelle Attestation d'inscription au permis de conduire.*

Conduire un véhicule à moteur sans respecter une restriction d'usage mentionnée sur le permis de conduire (exemple: conduire sans lunette) est sanctionné par une amende forfaitaire de 135 € et d'un retrait de 3 points (immobilisation du véhicule possible).

*L'apnée obstructive du sommeil correspond à des pauses respiratoires pendant le sommeil qui durent entre dix et trente secondes et se répètent dans la nuit. Elle peut être une cause d'inaptitude médicale.*

▲ *Elle est souvent traitée avec un masque de nuit. Cela permet de mieux se reposer et donc d'éviter les phases de somnolence au volant.*

## La vue du conducteur

Pour les permis moto (A) et voiture (B), le minimum exigé est de 5/10e pour l'ensemble des 2 yeux.

Le champ visuel binoculaire horizontal du conducteur ne doit pas être inférieur à 120°.

**Troubles visuels**
La non-perception des couleurs tout comme le daltonisme n'interdit pas la conduite d'un véhicule.

L'acuité visuelle minimale exigée pour l'obtention du permis B est de 5/10e pour l'ensemble des deux yeux.
Si un œil a une acuité nulle (un borgne, par exemple) ou inférieure à 1/10e, l'autre œil doit avoir une acuité d'au moins 5/10e.

Si ce minimum est atteint à l'aide de lunettes correctrices, le code 01.01 (dispositif de correction et/ou de protection de la vision) est inscrit au verso du permis de conduire.

La vue peut se dégrader avec l'âge ou certaines maladies, faites vérifier votre vue régulièrement.
Le port de verres teintés est déconseillé pour la conduite de nuit.

## L'ouïe

Aucune restriction pour le permis B mais bien entendre permet d'interpréter correctement les informations sonores utiles pour se situer dans la circulation.

Entendre klaxonner, des freins qui crissent, le pin-pon des pompiers ou le pin-pon pin de l'ambulance... Autant de sons qui communiquent des informations au conducteur.
Écouter de la musique à un volume sonore trop élevé engendre de réels dangers pour la conduite : le conducteur dispose d'un nombre réduit d'informations liées à la circulation.
Après la vue, l'ouïe est le sens le plus sollicité au volant. Bien entendre vous permet de vous situer dans l'environnement, mais aussi de distinguer, de localiser et d'interpréter correctement les informations sonores.

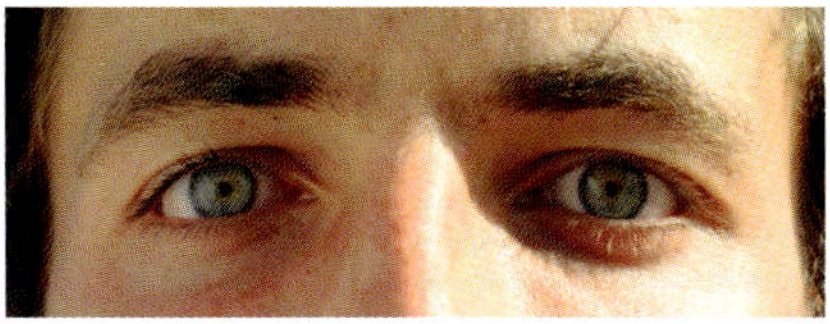

*Une bonne acuité visuelle permet de distinguer les détails, d'apprécier avec justesse les distances et les vitesses.*

*En cas de maladie perturbant la vision de nuit, le permis peut être limité à la conduite de jour.*

*L'implantation des panneaux sur la route tient compte des caractéristiques de la vision humaine.*

*La taille des panneaux, et la hauteur des caractères écrits varient en fonction de la vitesse. Une acuité visuelle de 10/10 ème permet de lire un panneau d'entrée d'agglomération à environ 50 mètres et un panneau de limitation de vitesse hors agglomération à environ 150 mètres.*

*La couleur bleue d'un panneau sur autoroute est reconnaissable à environ 500 m.*

*Écouter de la musique au casque isole le conducteur de toutes les informations essentielles.*

Afin de préserver l'attention du conducteur, il est interdit de porter des oreillettes, des écouteurs ou un casque audio.

## La prise de médicaments

Ils agissent sur le système nerveux.

**Attention!** Associer alcool/médicaments et/ou drogues amplifie considérablement les effets indésirables. Cette polyconsommation multiplie les risques d'accidents graves.

Vertiges, sensation d'ivresse, troubles de la vision, hallucinations: la prise de certains médicaments, en apparence inoffensifs, peut modifier le comportement au volant.
Les médicaments susceptibles de provoquer une somnolence ou une perte de vigilance comportent, sur la boîte, l'un des trois pictogrammes selon le niveau du risque.
Les effets varient d'une personne à l'autre et un médicament de niveau 2 peut avoir des effets de niveau 3 sur certaines personnes.

## La prise de drogues

Elles agissent sur le cerveau et modifient son activité.

L'usage de toutes les drogues est interdit en France.
Environ 2,5 % des accidents mortels auraient pu être évités si aucun conducteur n'avait conduit après avoir fumé du cannabis.
La consommation de drogues (cannabis, ecstasy...) s'accompagne de troubles du comportement incompatibles avec la conduite.

**Le contrôle des drogues**
Par analyse d'urine ou test salivaire.

La voiture est immobilisée en cas de dépistage positif. Cannabis, ecstasy, cocaïne... La plupart des drogues sont détectables par test salivaire.
Le dépistage des stupéfiants est systématique en cas d'accident corporel (blessures) ou mortel.
Le dépistage est possible en cas d'accident matériel, d'excès de vitesse, de non-port de la ceinture, de non-respect d'un signal de priorité de passage, ou de simple soupçon!

◀ *Même les médicaments vendus sans ordonnance peuvent avoir des effets incompatibles avec la conduite.*

◀ *Les traces de drogues restent longtemps dans l'organisme.*

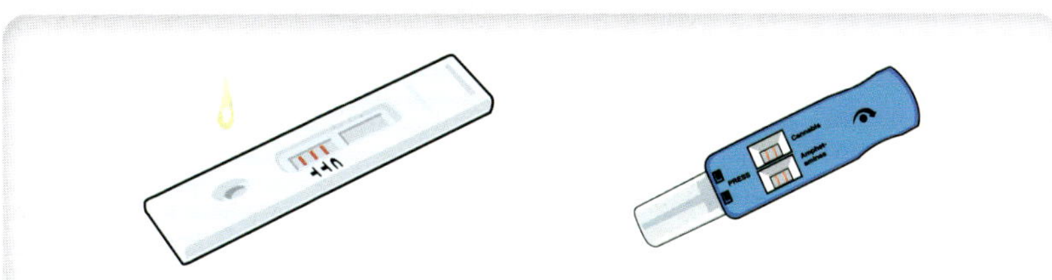

▲ *Les traces de cannabis peuvent rester jusqu'à cinq jours dans les urines, voire plus si la consommation est régulière.*

Conduire après consommation de stupéfiants est un délit et fait encourir les mêmes peines qu'une alcoolémie de 0,80 g/l.

## *L'alcool*

**■ Alcoolémie**
Le taux à ne pas atteindre est de :
- 0,20 g/l de sang pour les conducteurs en situation d'apprentissage ou titulaire d'un permis soumis au délai probatoire,
- 0,50 g/l de sang pour les autres.

C'est la quantité d'alcool pur contenue dans 1 litre de sang. Elle se mesure :
- en gramme d'alcool par litre de sang (g/l),
- en milligramme d'alcool par litre d'air expiré (mg/l).

0,20 g/l de sang correspond à 0,10 mg/litre d'air expiré.

**■ Doses standards et verres bien dosés**
Dès le 1er verre, le taux peut atteindre 0,25 g/l de sang.

L'alcoolémie atteint son maximum entre une ou deux heures si l'on a mangé, et seulement entre 15 et 30 minutes si l'on n'a pas mangé.

**■ Effet de l'alcool**
- Réduction du champ de vision.
- Fixité du regard.
- Réactions longues.
- Comportement agressif.
- Gestes imprécis.

L'alcool provoque :
- des troubles de l'équilibre,
- une plus grande sensibilité aux éblouissements,
- une diminution de la sensibilité à la couleur rouge,
- une réduction du champ visuel exploitable,
- une diminution des facultés de choix et de raisonnement,
- un allongement de la durée du temps de réaction,
- une mauvaise évaluation des distances.

**■ Élimination de l'alcool**
Il faut plus de 2 h 30 pour éliminer 1 verre d'alcool.

Le foie élimine l'alcool à 95 % mais chaque individu n'élimine pas la même quantité : la fourchette varie entre 0,10 et 0,15 gramme par litre de sang en une heure. Pour éliminer totalement 1 verre d'alcool, 2 heures ne suffisent pas.

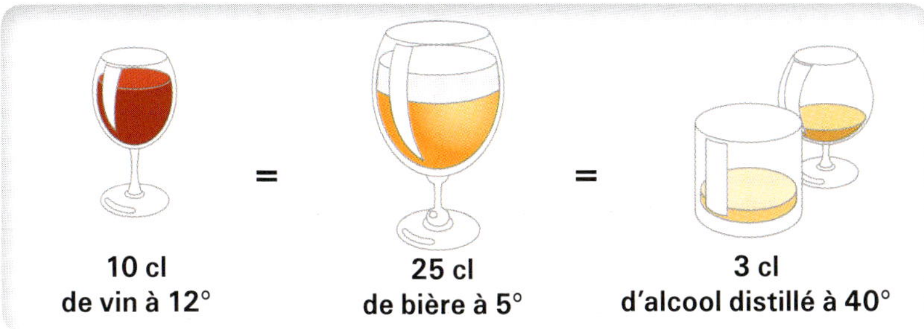


▲ *Chaque verre contient la même dose d'alcool : 10 grammes d'alcool pur.*

▲ *Réflexes plus lents, gestes moins précis, prise de risques sont les éléments qui dégradent la conduite.*

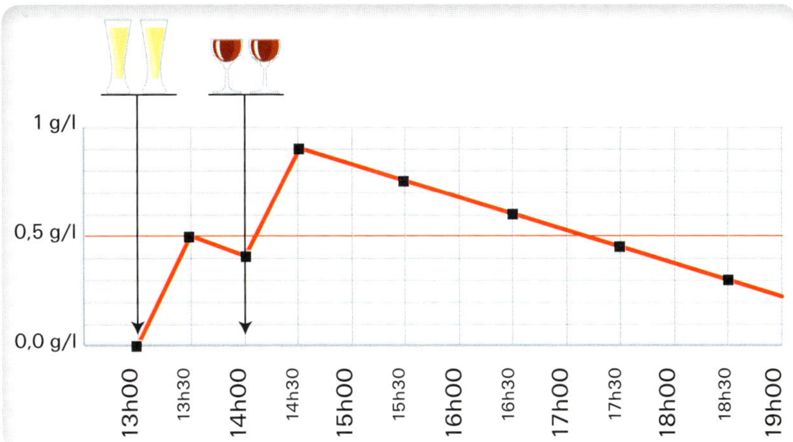


▲ *Élimination de l'alcool dans le temps par l'organisme.*
*La seule solution pour éliminer les effets de l'alcool est l'attente.*
*N'attendez pas de miracle des boissons énergisantes, du café, de l'eau ou autres bonbons, ils ne sont d'aucune efficacité.*

## L'alcool

■ Idées fausses

- Boire de l'eau, du café, réduit le taux d'alcool?

 VRAI ☐ FAUX ☑

- Alcool + jus d'orange ou soda diminue la teneur en alcool?

 VRAI ☐ FAUX ☑

■ Contrôle alcoolémie

Auto testez-vous!

**Test = Présomption** (Alcootest - Éthylotest).

**Mesure = Preuve** (Éthylomètre - Prise de sang).

**Éthylotest chimique**:
le réactif vire au vert au contact de l'alcool.

**Éthylotest électronique**:
l'appareil électronique affiche directement l'alcoolémie.

**Éthylomètre**:
il mesure directement et précisément la concentration d'alcool dans l'air expiré (mg/l d'air).

Ce contrôle précis et non contestable est obligatoire en cas de résultat positif avec l'alcootest ou l'éthylotest, de refus du test ou d'ivresse importante.

En cas d'impossibilité de faire autrement, une prise de sang est effectuée (g/l de sang).

**Attention!** Pour une même quantité d'alcool absorbée, l'alcoolémie varie en fonction du poids et du sexe. Le taux sera plus élevé chez une femme et chez une personne pesant moins lourd.

En cas d'alcoolémie positive, la voiture est immobilisée jusqu'à ce qu'un conducteur sobre puisse prendre le volant.

Les forces de l'ordre contrôlent les conducteurs.

- **Contrôles obligatoires**:
 en cas d'accident corporel (blessures) ou mortel ou d'infraction grave (non-respect d'un signal de priorité de passage par exemple).
- **Contrôles facultatifs**:
 en cas d'accident matériel, (même non responsable) ou d'infraction, ou en cas de simple soupçon lors d'un contrôle routier.

▲ *Lors de sorties, élire un "cap'taine de soirée" qui ne boira pas d'alcool pour ramener ses potes à bon port !*
*Chez les 18-24 ans l'alcool est présent dans 25 % des accidents mortels. La polyconsommation (alcool+drogues ou médicaments par exemple) multiplie les risques d'accidents graves.*

**Contravention** : Dès 0,20 g/l de sang pour les conducteurs en période probatoire. Dès 0,50 g/l de sang pour les autres. Retrait de 6 points.

**Délit** : À partir de 0,80 g/l de sang pour tous les conducteurs (0,40 mg/l d'air expiré). Retrait de 6 points.

**Attention !** Le fait de refuser de se soumettre aux vérifications est un délit. Le conducteur encourt un retrait de 6 points, 4500 € d'amende, et 2 ans de prison.

## *La vigilance*

C'est la capacité à répondre à tout moment à tout événement.

Voici quelques circonstances ou comportements qui peuvent causer la baisse de vigilance :

- la monotonie de la conduite (parcours de nuit ou sur autoroute déserte par beau temps),
- la routine (un trajet tellement connu qu'on n'y fait plus attention),
- les fortes émotions (joie, colère, on n'est plus en train de penser à la conduite),
- la distraction, la fatigue...

**La distraction**
Ne pas être attentif peut empêcher de voir.

Lire un sms multiplie le risque par **23**.

Un phénomène très présent. On manipule sa radio, son GPS, on mange, on boit, on se rase, on se maquille, on téléphone, on s'occupe des enfants à l'arrière, on attrape un objet dans la boîte à gants, on lit ses textos, on parle politique, on regarde le paysage... Bref, toutes ces activités éloignent le conducteur de son attention sur la route.

**Éviter les distractions**

Pas de SMS, de photos, de selfies en conduisant.

Privilégier le guidage vocal.

Gérer son temps de manière à ne pas faire plusieurs choses en même temps.
Pour garder toute la concentration nécessaire à la conduite :

- ne pas répondre au téléphone en conduisant,
- laisser faire la messagerie ou votre passager,
- n'appeler qu'après avoir trouvé un endroit sûr pour stationner.

Jeter des coups d'œil sur le GPS est semblable à jeter des coups d'œil sur l'indicateur de vitesse.
Il faut que cela soit furtif. Au-delà de 2 secondes, c'est dangereux.

▲ *Toute activité empêchant de garder sa concentration peut amener le conducteur à ne pas percevoir un danger et à réagir trop tard.*

Une discussion téléphonique avec un portable tenu à la main ou en utilisant un kit mains-libres avec une oreillette est interdite. Commettre cette infraction est passible d'une amende de 135 € et d'un retrait de 3 points.

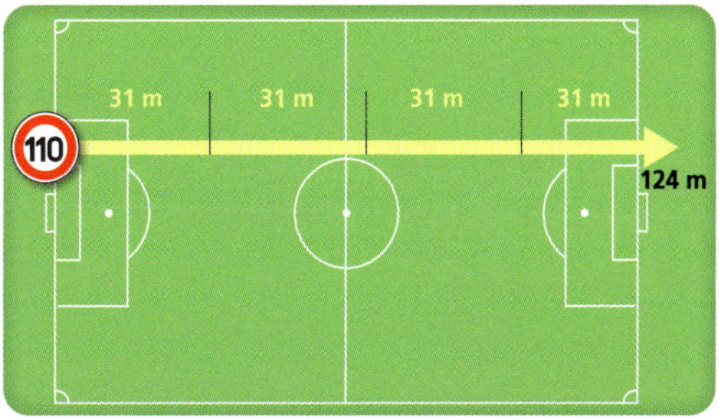


◀ *Si vous quittez la route des yeux pendant 3 ou 4 secondes à une vitesse de 110 km/h, le véhicule se déplace de la longueur d'un terrain de football.*

## *La somnolence*

**Attention!**
Dès les premiers signes de somnolence, inutile de lutter. Vous manquez de sommeil.
Arrêtez-vous et dormez.
Une sieste de 20 minutes permet de récupérer 50 % de ses capacités physiques.

La somnolence provient d'un manque de sommeil. Elle se traduit par une difficulté à rester éveillé même lors de la conduite.
La somnolence n'est pas forcément liée à la durée de la conduite; elle survient suite à une veille prolongée et à une condition physique altérée.
Elle survient aussi chez une personne qui souffre d'apnée du sommeil et qui n'est pas traitée.
En effet, le sommeil est fragmenté de réveils très courts, il n'est pas réparateur, donc la personne somnole souvent dans la journée et peut même s'endormir au volant !

**Comment éviter la somnolence.**
Le risque de somnolence augmente sensiblement entre 14 h et 16 h, et encore plus entre 2 h et 5 h du matin.

- Ne pas prendre la route en étant en dette de sommeil.
- Privilégier des horaires de conduite où le risque d'accident est plus faible.
- Prenez un repas équilibré et léger, sans alcool!
- Si vous suivez un traitement, soyez attentif aux effets secondaires!
- Attention, rouler vite induit une fatigue supplémentaire (en effet, la vitesse oblige le cerveau à traiter davantage d'informations).
- Effectuer des pauses fréquentes même si vous ne vous sentez pas fatigué!

Une pause d'1/4 d'heure toutes les 2 heures.

**Voici comment un conducteur s'endort au volant :**

## ▶ Les premiers signes d'alerte

## ▶ Premier et dernier avertissement

*Son esprit décroche par moments.*
*Il pense lutter contre la torpeur. Il aère l'habitacle.*
*Il se ressaisit une fois... deux fois...*

## ▶ Endormissement

*Et il s'assoupit d'un seul coup !*

▲ *Le bâillement est un signe annonciateur, il faut faire une pause sans tarder.*

**Les heures à risques**

▶ *Le risque d'endormissement varie en fonction des heures de la journée.*

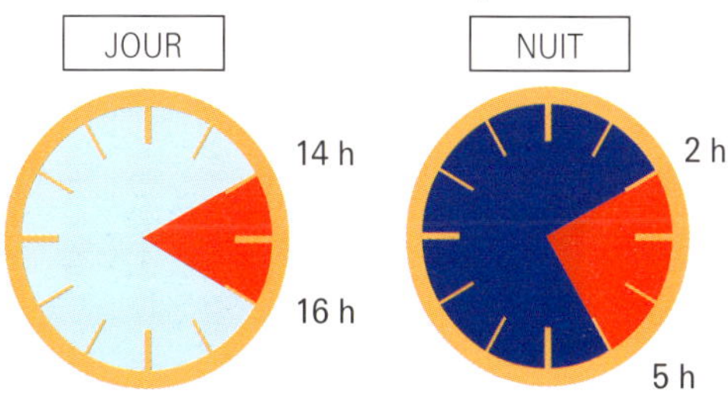


Le conducteur

## Évaluer son état psychologique

**■ Le stress**

L'excès de stress augmente les risques d'accidents de la route puisqu'il agit directement sur le comportement du conducteur et sur sa capacité à traiter l'information.

**■ L'excès de confiance**

L'excès de confiance d'un conducteur peut le mener à sous-évaluer les risques, à rouler trop vite et à prendre de mauvaises habitudes (omettre les clignotants, négliger les contrôles...).

**■ Les émotions**
Elles peuvent altérer la concentration nécessaire à la conduite.

Une dispute? une rupture amoureuse?...
Ne laissez pas les émotions entrer dans la voiture.

**■ Les influences des autres**
Ne pas être influencé par les autres usagers ou par ses passagers.

Il est toujours possible de se retrouver dans une situation où les autres usagers vous mettent la pression.

**Attention!** Ne prenez pas de risques inutiles face aux demandes de vos passagers, c'est vous qui décidez!

Au volant, vous serez amené à prendre des décisions rapides et précises. Quand vous faites des choix judicieux, vous contribuez à éviter beaucoup de situations dangereuses.

***L'accident de la route n'est pas dû à la fatalité.***

▲ *L'erreur peut parfois être due à l'agressivité des autres usagers. Ne cédez pas à la panique !*

▶ *Le passager peut tenter d'influencer votre comportement, ne l'écoutez pas !*

▼ *Le conducteur fait des choix qui font varier le niveau de risque.*

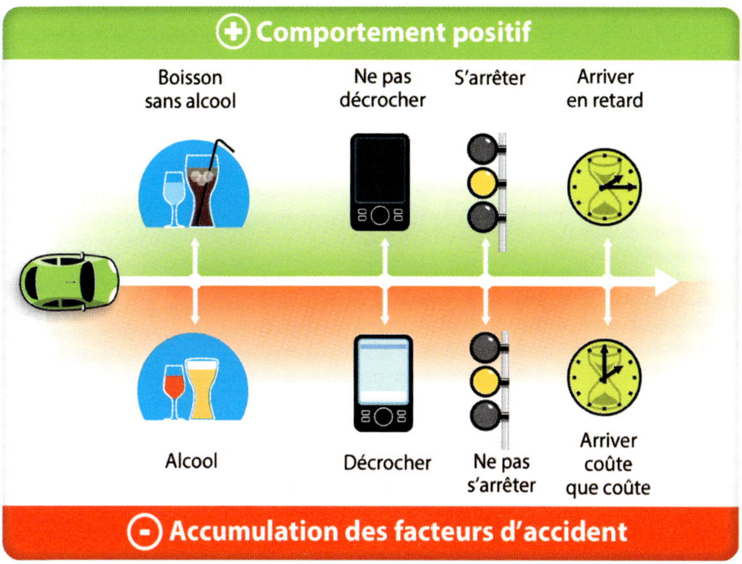

# En résumé

## LA CONDUITE

Pour conduire, il faut **observer** sans cesse son environnement immédiat (intérieur du véhicule) et lointain (extérieur du véhicule) ; **analyser** la situation et **décider** de ce qu'il faut faire ; **agir** sur les commandes et tout cela en permanence.

- **Le temps de réaction** = 1 seconde,
- **L'intervalle de sécurité** = 2 secondes,
- **La distance d'arrêt** = temps de réaction + freinage.

## LA FATIGUE

**Les signes de la fatigue :**
picotements des yeux, bâillements, douleurs dans le cou ou les épaules, besoin de changer fréquemment de position, énervements...

**Les effets de la fatigue :**
réactions tardives, mauvaise analyse, mauvaise appréciation des vitesses, nervosité, endormissement,

**Limiter la fatigue :**
> avant le départ : partir en forme,
> pendant le trajet : se reposer régulièrement.

## LA VUE

L'acuité visuelle, après correction ne doit pas descendre en dessous de $5/10^{èmes}$ pour les deux yeux.
Pour un borgne, l'acuité minimale est relevée à $5/10^{èmes}$.

## L'ALCOOL

**Le taux à ne pas atteindre est de :**
> 0,20 g/l de sang pour les conducteurs novices, soit 0,10 mg/l d'air expiré,
> 0,50 g/l de sang pour les autres, soit 0,25 mg/l d'air expiré.

**Contravention** : de 0,20 g/l pour les conducteurs novices ou 0,50 g/l pour les autres conducteurs à 0,79 g/l de sang.

**Délit** : à partir de 0,80 g/l de sang (0,40 mg/l d'air expiré).

## LES MÉDICAMENTS / DROGUES

Ils peuvent entraîner une baisse de vigilance et nuire à l'efficacité du conducteur.

## LE CONDUCTEUR

Un conducteur agressif, pressé, qui néglige son véhicule, qui commet des infractions, qui n'accepte pas les erreurs des autres est un conducteur qui augmente les risques d'accident.

## DES CHOIX

Avoir une conduite préventive, c'est prévoir ce que les autres vont faire et ce qu'ils risquent d'oublier de faire. Chacun doit prendre part à sa propre sécurité et à celle des autres.

- **Être en forme pour conduire**:
  > conduire en étant physiquement détendu,
  > exclure toute consommation d'alcool et de drogues,
  > respecter des temps de pause sur de longs trajets.

- **Avoir un véhicule en bon état de fonctionnement** (pneus, freins, éclairage...) et être familiarisé avec son véhicule (cela permet au conducteur de se concentrer et de réagir aux indices qu'il perçoit).

- **Conduire en anticipant les situations critiques pour ne pas surprendre et éviter de se laisser surprendre par les autres**:
  > se rendre bien visible,
  > indiquer clairement ses intentions,
  > maintenir une distance de sécurité suffisante.

- **Choisir d'être courtois avec les autres usagers**:
  > savoir tolérer les erreurs des autres,
  > savoir renoncer parfois à la priorité.

IL N'Y A PAS DE HASARD !
OUVREZ L'OEIL, LEVEZ LE PIED.

# La route

## *Nuit*

Il se produit plus d'accidents la nuit que le jour alors que moins de véhicules circulent la nuit.
La nuit, les contrastes diminuent et de nombreux détails visibles de jour échappent alors au conducteur. Par manque de repères, l'évaluation des distances et des vitesses est faussée.
Certains usagers peu ou pas éclairés peuvent n'être vus qu'au dernier moment.
Les risques d'endormissement sont plus grands.

**■ Utilisation des feux**

### Chaussée non éclairée

**Seul sur la chaussée.**

La nuit, à l'intérieur comme en dehors des agglomérations, on doit circuler en feux de route.

**Pour croiser ou suivre**

Il faut passer en feux de croisement en croisant ou en suivant un autre véhicule.

**Routes étroites et sinueuses**

La nuit par temps clair, sur routes étroites et sinueuses en dehors des agglomérations, les feux avant de brouillard peuvent compléter les feux de route.

### Chaussée éclairée

**En ville :**
feux de position seuls ou feux de croisement.
**Hors agglomération :**
feux de croisement.

D'une manière générale, lorsqu'une route bénéficie d'un éclairage public, il est préférable de rouler en feux de croisement.
De même en ville dans un tunnel éclairé, il est préférable d'allumer les feux de croisement.

▲ *Ouvrir l'œil et le bon pour détecter les piétons et les cyclistes qui, en général, sont persuadés d'être bien vus grâce à l'éclairage public.*

| | | | | |
|---|---|---|---|---|
| *Feux de position* | *Feux de croisement* | *Feux de route* | *Feux de brouillard avant* | *Feu (x) de brouillard arrière* |
| ***Être vu*** | ***Voir et être vu*** | ***Voir loin*** | ***Voir et être vu*** | ***Être vu*** |

▲ *Route éclairée* ▲ *Route non éclairée* ▲ *Route étroite* ▲ *Ville éclairée*

▼ *Dans les tunnels, les règles d'utilisation des feux sont identiques.*

## *Nuit*

**Crépuscule**
Allumez les feux
de croisement.

À la nuit tombante ou au lever du jour, les couleurs et les formes se mélangent. Il est alors difficile d'être bien vu.

**Croisements**
Allumez les feux
de croisement.

Ralentir lorsqu'on passe des feux de route aux feux de croisement car la visibilité est alors réduite à une trentaine de mètres.

**Dépassements**
Si besoin, avertir par
un appel lumineux
et ne passer en feux
de route qu'à hauteur
du véhicule dépassé.

Pour bénéficier de la meilleure visibilité, une complicité doit s'effectuer entre le véhicule dépassé et celui qui dépasse.

**Éblouissements**

**Pour éviter d'être ébloui :**
**- de face :**
- ne pas fixer les phares ;
- regarder vers le bord droit assez loin devant.

**- dans le rétro :**
- mettre la position nuit.

Dans ces deux cas, il faut signaler sa présence par un bref appel lumineux ou faire clignoter les feux stop par exemple.
L'éblouissement perturbe l'évaluation des distances. Après un éblouissement, le temps de réadaptation de l'œil est de 5 à 6 secondes !

▲ Ne pas hésiter à être le premier à allumer ses feux.

▲ À 90 km/h, il faut environ 80 mètres pour s'arrêter. La distance d'arrêt ne doit jamais être plus longue que l'espace visible devant la voiture.

▲ Passer en feux de croisement avant d'éblouir ou d'être ébloui.

▲ Par réflexe, l'œil du conducteur est attiré par le point le plus lumineux.

▲ Certains rétroviseurs s'assombrissent automatiquement dès que les capteurs détectent une lumière intense.

## *Pluie*

**Utilisation des feux**
Quand il pleut, les feux de croisement sont préconisés.

S'il pleut des cordes, on peut allumer les feux de brouillard avant en remplacement ou en complément des feux de croisement.
Et on peut les garder allumés pour croiser d'autres usagers. En revanche, les feux de brouillard arrière sont interdits par temps de pluie.

**Adhérence**
Elle est deux fois moins bonne sur une route mouillée que sur une route sèche.

La chaussée est particulièrement glissante en début de pluie. L'adhérence dépend de :
- l'état de la route,
- l'état des pneus,
- l'état des suspensions.

La distance de freinage est deux fois plus longue que sur sol sec.

**Aquaplanage (aquaplaning, hydroplanage)**
Rouler vite sous la pluie, c'est risquer de glisser sur l'eau et de quitter la route.

Les pneus usés ne parviennent pas à évacuer l'eau sur la route, donc le pneu n'est plus en contact avec le goudron ; la voiture glisse dangereusement et le conducteur perd le contrôle de sa voiture.

**Visibilité**
Pour éviter la formation de buée ou de givre, faites fonctionner les systèmes de ventilation, de désembuage et allumer le dégivrage arrière.

La climatisation est très efficace contre la buée car elle produit un air sec.

▲ *Feux de brouillard arrière interdits !*

▲ *Pour garder une bonne visibilité, utilisez les essuie-glaces à vitesse rapide. S'ils laissent des traces sur le pare-brise, changez les balais !*

▲ *Sous la pluie, rouler moins vite et avoir de bons pneus.*
*Attention : en cas de forte pluie, les feux rouges arrière sont presque invisibles !*

*Chauffage*

*Désembuage*

*Ventilation*

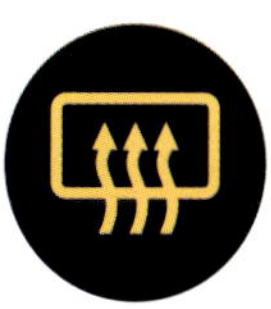

*Dégivrage*

## Brouillard

**Visibilité et feux**

Au minimum, on allume les feux de croisement.

Si le véhicule est équipé de feux de brouillard avant et arrière, c'est le moment de les utiliser !

**Vitesse**

50 km/h maximum si la visibilité est inférieure à 50 mètres.

Il faut :

- augmenter les intervalles de sécurité et adapter sa vitesse à la visibilité ;
- toujours être capable de s'arrêter dans l'espace de visibilité devant soi.

Pour garder le contrôle de la situation, il faut être capable de s'arrêter dans la zone de visibilité existante. Il est donc nécessaire d'adapter l'allure à la visibilité.

***Garder en tête la règle (théorique) des 3 égalités (à partir de 50 m de visibilité) :***

| *Sur route ou sur autoroute* | | |
|---|---|---|
| *Visibilité* | *Vitesse* | *Intervalle de sécurité* |
| ***50 mètres*** | ***50 km/h*** | ***50 mètres*** |
| ***70 mètres*** | ***70 km/h*** | ***70 mètres*** |
| ***80 mètres*** | ***80 km/h*** | ***80 mètres*** |

**Conseils**

- Ne pas suivre aveuglément les autres usagers.
- Ne pas entreprendre des dépassements sur les routes à double sens.

Ne pas utiliser les feux de route. Ils forment un mur opaque devant le véhicule.

Ne pas circuler en feux de position seuls.

Éteindre le feu de brouillard arrière dès que la visibilité redevient correcte.

## Brouillard

▲ *Allumez vos feux pour être vu des autres*

▲ *Allumez vos feux et adaptez votre allure.*

## *Neige*

Quand la neige tombe, au minimum, on allume les feux de croisement.

Les feux de brouillard avant peuvent les remplacer ou les compléter.

Les feux de brouillard arrière peuvent être utilisés en cas de chute de neige.

■ L'**adhérence** est quatre fois moins bonne sur une route enneigée que sur une route sèche.

■ Obligation d'équipement en période hivernale dans les 48 départements qui comportent des zones montagneuses.

Une signalisation zonale est prévue afin d'indiquer aux usagers de la route l'entrée (et la sortie) dans une zone où les obligations d'équipements s'appliquent.

Les équipement obligatoires pour un véhicule léger sont : soit des pneus hiver sur les quatre roues, soit des chaînes ou chaussettes à neige détenues dans le véhicule.

---

## *Verglas*

Le verglas se forme surtout dans les sous-bois, sur les ponts, aux endroits exposés au nord...

Lorsque le verglas n'existe qu'en plaques, il est traître et inattendu parce qu'il ne couvre pas la totalité de la route.
Le risque de dérapage est alors réel.

■ **Adhérence**
Adhérence quasiment nulle : dans la mesure du possible, ne pas conduire.

Pour augmenter l'adhérence sur une neige dure ou du verglas, on peut équiper le véhicule de pneus "thermogomme".

Par grand froid, en stationnement, ne pas serrer le frein à main mais enclencher plutôt une vitesse...

---

## Neige

▲ *À partir du 1er novembre 2024, seuls les pneumatiques disposant de ce marquage seront considérés comme des pneus hiver.*

*Pneus neige = Pneus hiver.*

*Monter les chaînes sur au moins 2 roues motrices (généralement à l'avant de la voiture).*

▲ *Il est interdit de dépasser un engin de service hivernal en mission (gyrophares bleus), que ce soit par la droite ou par la gauche.*

▲ *Dans ces conditions difficiles, il est préférable de reporter son trajet.*

## *Vent*

Le risque principal est l'écart de direction.

Lorsqu'on passe d'une zone exposée au vent à une zone abritée, la poussée latérale est supprimée avec des risques d'écarts de trajectoire.
Ce phénomène est ressenti lors de dépassements de poids lourds.

Ce panneau signale une zone particulièrement exposée au vent.
Il n'indique ni la force, ni l'orientation du vent.

Des manches à air implantées dans des endroits exposés indiquent la direction et la force du vent.
C'est le vent latéral qui oblige le conducteur à fournir un effort sur le volant.

Pour limiter les effets, il faut réduire la vitesse.

Avant de dépasser un deux-roues, laisser un espace latéral plus grand pour tenir compte des écarts qu'il subit sous l'effet des bourrasques.
Lors d'un avis de tempête, dans la mesure du possible, ne pas prendre la route.

---

## *Soleil*

La visibilité se trouve diminuée.
Ralentir jusqu'à une vitesse permettant de s'arrêter dans l'espace de visibilité.
70 mètres de visibilité = 70 km/h maxi.

Un éblouissement difficilement supportable peut se produire lorsque le soleil se trouve dans le champ de vision du conducteur.
Le temps d'adaptation pour retrouver une vision normale est de plusieurs secondes (5 à 6 s).
Une succession rapide de zones d'ombre et de zones ensoleillées (routes bordées d'arbres par exemple) provoque une série de flashs éprouvants pour l'œil qui n'a pas le temps de s'adapter assez vite aux multiples changements de luminosité.

---

▲ *Les deux-roues et les caravanes sont particulièrement sensibles au vent latéral. Seule, la manche à air indique la force et la direction du vent.*

*Vent nul*

*Vent faible venant de gauche*

*Vent fort venant de droite*

*La manche à air*

◀ *Pour lutter contre l'éblouissement, utilisez le pare-soleil et des lunettes de soleil. Veillez à une propreté parfaite du pare-brise.*

▶ *L'éblouissement allonge la durée du temps de réaction et fausse l'évaluation des distances.*

## *La signalisation*

■ **Vers l'autoroute**
Pour se diriger vers l'autoroute, il faut repérer les panneaux à fond bleu qui comportent le symbole de l'autoroute.

Quand un panneau à fond vert comporte lui aussi cet idéogramme, cela veut dire qu'une partie de l'itinéraire indiqué emprunte une autoroute.

Chaque autoroute est identifiée par la lettre **A** suivie d'un numéro qui permet de la repérer sur les cartes.

■ **Entrée d'autoroute**
Ce panneau marque le début de l'autoroute et des règles particulières qui lui sont propres.

En entrant, le plus souvent le conducteur doit prendre un ticket à un distributeur automatique et payer à la sortie.

■ **Bifurcation d'autoroute**
Ce symbole peut être placé sur tous les panneaux de bifurcation.

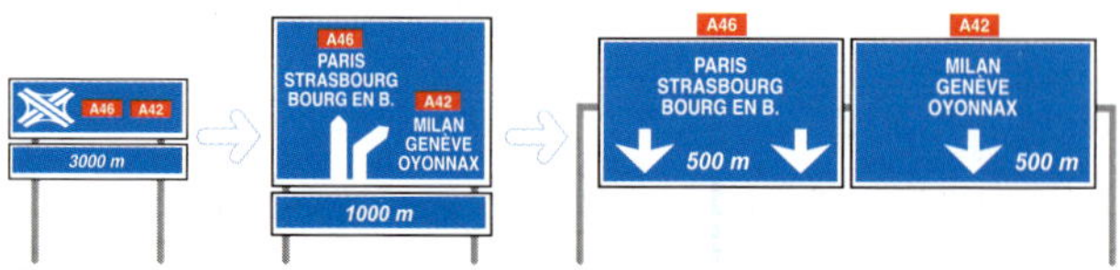


C'est la division de l'autoroute en 2 branches, constituant chacune une autoroute.

■ **Sortie d'autoroute**
Les sorties sont désignées par un numéro inscrit dans un symbole.

À la sortie de l'autoroute, le conducteur acquitte le péage en fonction de la distance parcourue et du type de son véhicule.

**Péage**
Le montant à payer dépend de la catégorie du véhicule et de la longueur du trajet effectué.
Attention, en cas de perte du ticket, il faudra payer le prix correspondant au parcours le plus long.

Le conducteur pourra payer directement soit à un employé en liquide ou par carte bancaire , soit en introduisant de la monnaie dans une corbeille de réception , soit en se positionnant dans un couloir permettant le télépéage si le conducteur est abonné .

Tous les paiements sont acceptés.

Le conducteur en possession d'un badge autoroutier peut passer sans s'arrêter (maxi 30 km/h).

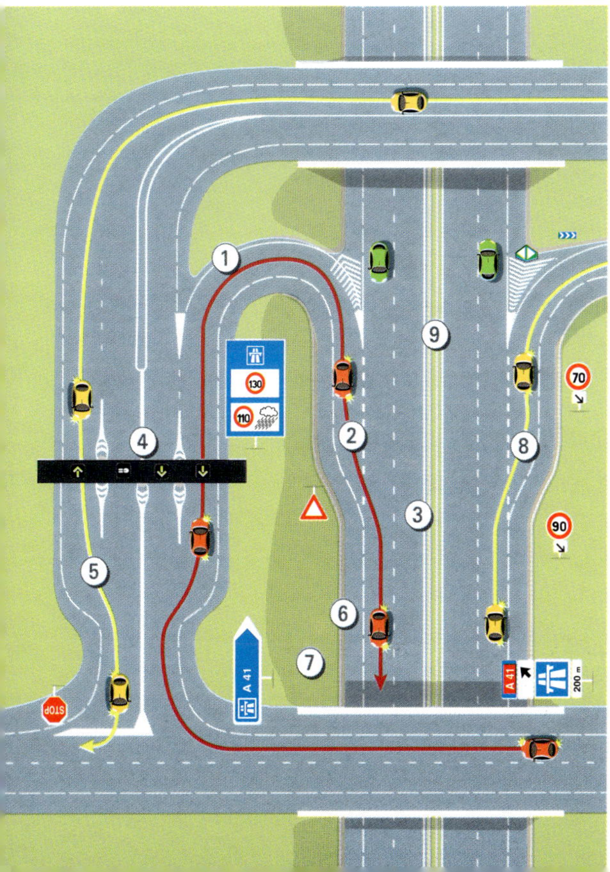


1. Bretelle d'accès
2. Voie d'accélération
3. Glissière de sécurité
4. Barrière de péage
5. Sortie
6. Bande d'arrêt d'urgence (B.A.U.) (à utiliser en cas de force majeure : panne ou accident)
7. Accotement
8. Voie de décélération
9. Chaussées séparées par un terre-plein central

## *Les règles de circulation*

**Accès interdits**
L'autoroute est interdite aux usagers qui ne peuvent se déplacer que lentement.

**Manœuvres interdites**

En raison des vitesses pratiquées, toute manœuvre qui peut surprendre ou gêner les autres usagers risque de provoquer un accident grave.

**Bretelle d'accès**
Elle permet d'apprécier le flot de circulation sur l'autoroute, de juger la longueur de la voie d'insertion qui va suivre.

La voie d'accélération se termine par un "cédez le passage".
On peut ralentir pour laisser passer les autres usagers ou accélérer afin de s'insérer plus facilement entre les véhicules.
La règle est de ne jamais s'arrêter sur une voie d'insertion et de ne pas gêner les véhicules qui circulent déjà sur l'autoroute.

**Position sur la chaussée**
On roule dans la voie de droite qui ne doit pas être confondue avec la Bande d'Arrêt d'Urgence.

Les véhicules de plus de 3,5 tonnes ou de plus de 7 mètres de long (ce qui peut être le cas si on tracte une caravane ou une remorque) ne doivent jamais circuler dans la voie la plus à gauche (quand il y a plus de 2 voies à sens unique).

**Corridor de sécurité**

*Corridor de sécurité*

À l'approche de professionnels en intervention (dépanneurs, agents d'exploitation, pompiers, gendarmes...) ou d'usagers arrêtés sur la bande d'arrêt d'urgence, le conducteur doit :

- ralentir,
- changer de voie de circulation s'il peut le faire sans danger ou s'éloigner le plus possible en demeurant dans sa voie.

▼ *Il est interdit :*

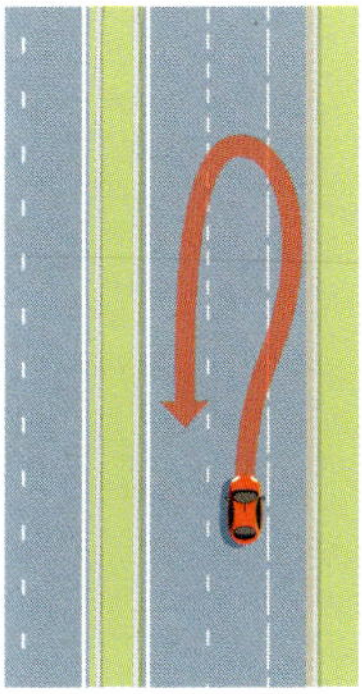

*de faire demi-tour,*

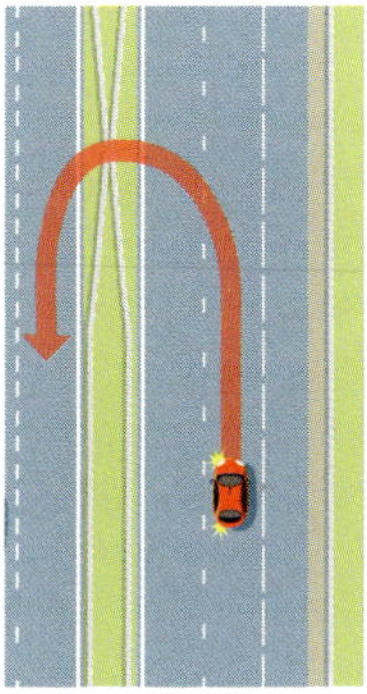

*de traverser le terre-plein central,*

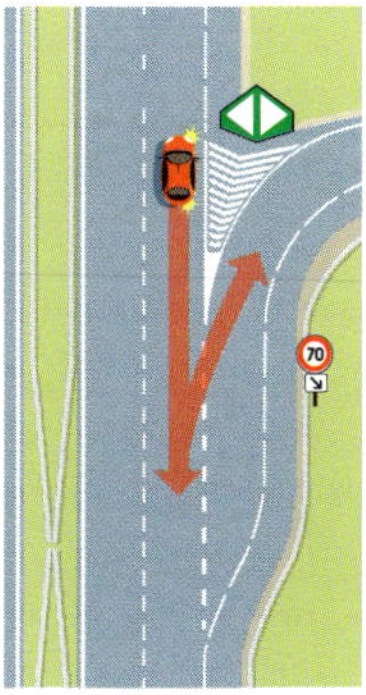

*d'effectuer une marche arrière même sur la bande d'arrêt d'urgence,*

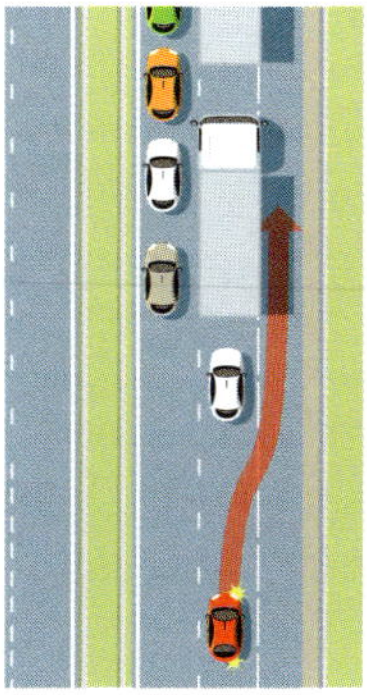

*de circuler sur la bande d'arrêt d'urgence.*

▲ *Ne pas forcer le passage ! Les usagers qui circulent sur la chaussée principale ne sont pas tenus de faire un écart sur la voie de gauche.*

*Voie d'entrecroisement.*

▲ *Changer de voie de façon à laisser une voie libre entre les intervenants et votre véhicule.*

## Vitesse

- 130 km/h par temps sec.
- 110 km/h par temps de pluie.

À l'approche des zones urbaines, l'importance du trafic et la quantité d'entrées et de sorties contraignent à abaisser la vitesse limite à 110 km/h.

## Distance de sécurité

**91 mètres.**

Deux lignes de la bande d'arrêt d'urgence doivent séparer deux véhicules qui se suivent à 130 km/h.

En ne s'approchant jamais trop des autres, on conserve un espace de confort qui laisse le temps de modifier l'allure ou la trajectoire en cas d'imprévus.
La bande d'arrêt d'urgence est réservée à la circulation des secours et des forces de l'ordre.
Il est possible de s'y arrêter en cas de panne ou de malaise.

## Dépassements

- Il faut rouler au minimum à 80 km/h dans la voie de gauche.
- Ne jamais dépasser par la droite un conducteur qui s'obstine à rouler dans la voie de gauche.
- On peut dépasser plusieurs véhicules à la fois.

Le danger vient essentiellement de l'arrière. Il faut être capable d'évaluer la vitesse d'approche d'un autre conducteur qui a décidé de dépasser et juger du moment opportun pour entreprendre la manœuvre.
Une ligne discontinue est peinte à l'approche des sorties. Elle n'interdit pas les dépassements, mais elle doit dissuader les usagers de se rabattre à cet endroit pour prendre la sortie annoncée.
Si l'intention du conducteur est de quitter l'autoroute, il n'a pas à se lancer dans un dépassement si près de la sortie.

| | Conditions normales de circulation | Pluie | Visibilité inférieure à 50 m | Jeunes conducteurs (A) |
|---|---|---|---|---|
| Autoroute | 130 | 110 | 50 | 110 |

▲ *Ralentir de manière à voir 2 traits de la bande d'arrêt d'urgence (BAU).*

▲ *Voie de gauche = 80 km/h mini. Surveillez les rétros avant de dépasser !*

▲ *La ligne de dissuasion autorise le dépassement mais interdit de se rabattre pour prendre la sortie.*

## *Comportements*

**Repos**
**S'arrêter au moins 1/4 d'heure toutes les 2 heures.**

La fatigue est présente dans environ 18 % des accidents mortels sur autoroute. Une vitesse élevée et un trafic dense nécessitent une attention soutenue, ce qui augmente la fatigue.
L'endormissement peut être dû à la monotonie quand la circulation est quasiment nulle ou à la suite d'un déjeuner.

**Arrêt d'urgence**
En cas de panne, d'accident ou de malaise uniquement, il faut allumer les feux de détresse et se garer sur la bande d'arrêt d'urgence.

Il est prudent de faire descendre du véhicule tous les passagers pour qu'ils se réfugient derrière la glissière de sécurité.
Contacter ensuite les services de police de l'autoroute, joignables avec les bornes d'appel d'urgence (gratuites) placées tous les 2 km.

**Pneus**
Des pneus sous-gonflés peuvent éclater.

Gonfler les pneus de 200 à 300 grammes au-dessus de l'indication normale est une bonne chose pour rouler à allure soutenue, et éviter les éclatements.

**Retour au double sens**

Après plusieurs heures passées à rouler à allure soutenue, il faut se réadapter à une vitesse normale (80 km/h en général) qui donne l'illusion de rouler lentement.

▲ *Sur autoroute, des aires de repos sont accessibles toutes les 10 minutes environ.*

***Panne ou accident***

*Ne jamais tenter de placer un triangle de présignalisation sur la bande d'arrêt d'urgence. Trop dangereux pour vous et les autres !*

▲ *La borne d'appel d'urgence vous localise directement.*

▲ *En l'absence de borne d'appel d'urgence, lancer l'application SOS AUTOROUTE pour être immédiatement géolocalisé.*

▶ *Changer une roue côté circulation : danger de mort.*
*Sous gonflage = éclatement.*

# La traversée de zones dangereuses

## *Les chantiers routiers*

Les zones de travaux, le balisage d'un accident ou d'un véhicule en panne, l'intervention de professionnels intervenant en bord de route (patrouille, entretien de l'autoroute, dépanneurs, force de l'ordre...) sont souvent inattendus et gênent parfois l'écoulement normal de la circulation.

**Une extrême prudence s'impose lors de la traversée de ces zones.**

**Travaux**

Des panneaux sur fond jaune et des dispositifs de signalisation spéciaux sont installés pour guider sans risque la circulation.

**Regardez bien devant vous.**

Soyez attentif à tout ralentissement de la circulation. Soyez vigilant le soir et la nuit. Les travaux routiers ne s'effectuent pas seulement de jour.

**Regardez autour de vous.**

Le fait de ne pas voir de personnels de la route ne veut pas dire qu'il n'y en a pas dans cette zone. Soyez vigilant pour détecter leur présence.

**Réduisez la vitesse en conséquence.**

Vous devez respecter les nouvelles limitations de vitesse souvent signalées dans la zone de travaux. Sur autoroute, la vitesse est généralement réduite si la circulation s'effectue à double sens.

**Maintenez les distances.**

Conservez suffisamment d'espace entre les véhicules. Ne pas chercher à se rapprocher du véhicule qui précède.

**À l'approche de professionnels en intervention ou d'usagers arrêtés sur la bande d'arrêt d'urgence.**

Vous devez changer de voie à leur approche si vous pouvez le faire sans danger. Si le changement de voie n'est pas réalisable, vous devez vous éloigner le plus possible du véhicule.

▲ *La flèche lumineuse clignotante oriente vers la voie ou les voies laissées libres à la circulation. N'attendez pas le dernier moment pour changer de voie ! Respectez un corridor de sécurité en longeant la zone.*

▲ *N'oubliez pas que votre vitesse peut désormais être contrôlée par un ou plusieurs radars pendant toute la traversée de la zone de travaux.*

▲ *Respectez les distances de sécurité. Il n'y aura aucune échappatoire possible si vous allez trop vite et si vous suivez de trop près le véhicule qui vous précède.*

▲ *Dès l'approche d'un véhicule en panne ou de personnels en intervention, laissez un corridor de sécurité.*

Le non respect de cette nouvelle règle est sanctionné par une amende de quatrième classe soit une amende forfaitaire de 135 €.

## *Les tunnels*

**Entrée de tunnel**

- Interdit de faire demi-tour.
- Interdit de s'arrêter et stationner.
- Obligation d'allumer les feux de croisement.

Des feux rouges et des barrières peuvent fermer l'accès au tunnel.

Avant d'entrer, retirer les lunettes de soleil, attention à l'effet "trou noir".

**Distances de sécurité**
Quelle que soit l'allure et même à l'arrêt, la distance minimale de sécurité doit être respectée.

Des chevrons ou des diodes bleues aident au maintien des distances.

*Règles de conduite*

**Limitations de vitesse**
Respecter les vitesses.

La vitesse peut être imposée ou limitée.

**Aménagements de sécurité**
Les tunnels, sont équipés d'emplacements d'arrêt d'urgence (garages), de niches de sécurité et d'issues de secours.

Les emplacements d'arrêts d'urgence sont prévus pour éviter les arrêts sur la chaussée.

Des niches de sécurité sont aménagées pour le matériel de secours (extincteurs) et des postes d'appels d'urgence. Impossible de s'y réfugier!

Des issues de secours permettent d'être à l'abri des fumées et de la chaleur.

Une issue de secours peut déboucher soit à l'extérieur soit dans un second tube du tunnel qui est sain.

▲ *Quand l'avant de mon véhicule passe devant ces diodes, le véhicule qui me précède doit être face à des diodes identiques...*

▲ *L'éblouissement entraîne un allongement de la distance parcourue pendant le temps de réaction. L'évaluation des distances est faussée. Ralentissez !*

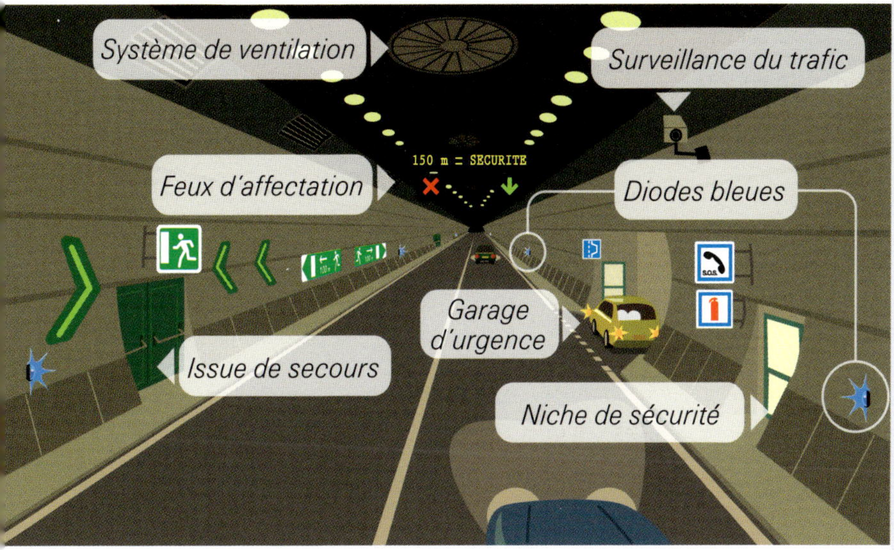


▲ *Chaque niche de sécurité est équipée d'extincteurs et d'un poste d'appel d'urgence.*

## *Les tunnels*

**En cas d'embouteillage**
Allumer les feux de détresse lors du ralentissement. Actionner le recyclage de l'air de l'habitacle.

Il faut s'arrêter à bonne distance par rapport à l'usager devant, rester dans son véhicule, être attentif aux messages de sécurité diffusés par la radio ou par les signaux lumineux et couper le moteur.

**En cas de panne**
Tout incident, même peu important, peut prendre des proportions considérables dans un tunnel.

**Pour s'arrêter, il faut :**
- allumer les feux de détresse,
- se garer sur un refuge ou sur la bande d'arrêt d'urgence,
- respecter la distance d'arrêt imposée,
- couper le moteur,
- contacter les secours à partir d'une borne d'appel d'urgence,
- allumer une radio diffusée dans le tunnel,
- localiser l'issue de secours la plus proche.

**En cas d'incendie**
Une fois en sécurité dans les abris, il faut attendre les instructions des services de secours.

**Il faut :**
- essayer de sortir son véhicule du tunnel sans jamais faire demi-tour !
- essayer d'éteindre l'incendie avec les extincteurs à disposition,
- laisser les clefs sur le contact,
- évacuer le tunnel par l'issue de secours la plus proche.

**Il ne faut pas :**
- suivre ou dépasser un véhicule en feu ou produisant de la fumée,
- réduire les distances de sécurité à l'arrêt (risque de propagation de l'incendie),
- faire marche arrière ou demi-tour,
- rester dans ou à côté de son véhicule,
- récupérer des affaires encombrantes avant d'évacuer.

Seules, les issues de secours protègent des fumées toxiques.

▲ *En cas de crevaison ou lors d'une alerte moteur, on doit pouvoir atteindre le prochain emplacement d'arrêt d'urgence.*

*En cas d'alerte de carburant, ne pas s'arrêter : la réserve permet de sortir du tunnel et d'atteindre la prochaine station-service.*

*En cas d'incendie, il faut chercher l'issue de secours la plus proche en s'éloignant du danger pour se protéger de la chaleur et des fumées toxiques.*

*Consignes de sécurité*

◄ *Tunnel d'évacuation accessible à partir d'une issue de secours.*

## *Les passages à niveau*

■ Munis de barrières à fonctionnement manuel ou demi-barrières automatique.

**Fonctionnement manuel**

C'est un cas rare. Un employé de la SNCF abaisse et relève les barrières. Interdiction de passer.

**Demi-barrières automatiques**

Le fonctionnement des feux rouges clignotants et de la sonnerie précède de peu la fermeture des demi-barrières.

SIGNAL AUTOMATIQUE — Ce panonceau est facultatif.

Ce pannonceau indique une ligne électrifiée à moins de 6 m de hauteur.

■ **Sans barrière ni demi-barrière**

Priorité au train.

Ne pas s'engager sans vérifier si un train arrive.

■ **Principes de sécurité**

La plupart des accidents sont dus aux mauvais comportements des conducteurs.

30 tués par an environ.

1. Ralentissez à l'approche du passage à niveau.
2. Respectez la règle de passage.
3. Ne vous faufilez pas entre les barrières.
4. Ne vous engagez pas si l'espace est insuffisant.
5. Si vous êtes coincé, brisez la barrière.
6. Si vous êtes bloqué sur les voies, quittez le véhicule.
7. En cas d'incident, utilisez le téléphone situé à proximité.

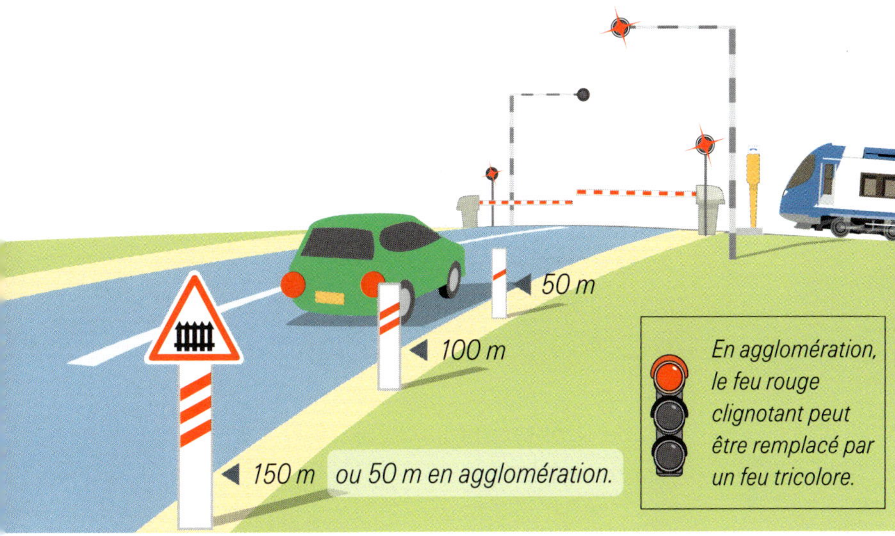

▲ *Lorsque le passage à niveau est dangereux, un signal lumineux s'allume en même temps que le feu rouge clignotant.*

▲ *Arrêt obligatoire au stop.*

▲ *Arrêt obligatoire au feu rouge clignotant.*

◀ *Passage à niveau comportant plusieurs voies.*

## *Les tramways*

**Les aménagements**

La plateforme du tramway est la surface plane où sont implantés les rails grâce auxquels le tramway circule.

**En site propre**

L'espace de circulation est exclusivement réservé au tramway.
Ce panneau rappelle aux automobilistes qu'il est interdit de s'engager sur la voie du tramway.

**Zone mixte**

Le tramway est prioritaire sur les véhicules et les piétons.

Les véhicules et le tramway circulent sur le même espace.
Les automobilistes et les cyclistes doivent rester très vigilants et ne pas gêner la circulation du tramway qui reste prioritaire dans tous les cas.

Ce panneau annonce la traversée d'un tramway à 50 mètres.

Ce panneau indique la traversée immédiate du tramway.

**Feu rouge clignotant Arrêt absolu!**

Généralement, un feu rouge clignotant signale l'arrivée imminente d'un tramway. L'arrêt est impératif.

Le tramway ne dévie pas. À 20 km/h, la distance de freinage d'un tramway est d'environ 40 mètres.

Il peut freiner mais pas dévier de sa trajectoire déterminée par le rail. C'est toujours à vous de l'éviter et de lui laisser la place.

Un tramway peut en cacher un autre en sens inverse.

En traversant la plateforme, vérifiez toujours qu'un deuxième tramway n'arrive pas dans l'autre sens.

▲ *Arrêt absolu pour laisser passer le tramway...*

Ne jamais s'engager sur les voies de tramway sans être sûr de pouvoir dégager cet espace (bouchon par exemple).

▲ *À l'approche d'un tramway ou d'un autobus, restez vigilant: des piétons pressés peuvent courir et traverser précipitamment sans précaution pour y monter.*

▲ *Repartir lorsque les feux sont éteints. Un tramway peut en cacher un autre en sens inverse.*

### PASSAGES À NIVEAU

- **Types de passage**

> Avec demi-barrières.
> Avec barrières.
> Sans barrière.

- **Comportement**

La majorité des accidents est due au non-respect du code de la route.

- **Principes de sécurité**

> Ralentissez suffisamment.
> Arrêtez-vous au feu rouge, au stop, ou au signal.
> Ne passez pas entre les barrières.

### TUNNEL

- **Avant d'entrer**

> Allumez les feux de croisement.

- **Dans le tunnel**

> Respectez les distances de sécurité quelle que soit la vitesse.
> Distance correcte = 2 diodes bleues.
> Ne faites pas marche arrière ou demi-tour.
> Ne vous arrêtez pas et ne stationnez pas.

- **En cas d'accident**

> Arrêtez-vous sans gêner.
> Allumez les feux de détresse.
> Prévenez les secours.

- **En cas d'incendie**

> Sortez du véhicule.
> Utilisez les équipements à disposition.
> Mettez-vous à l'abri dans une issue de secours.

### TRAMWAY

Un feu rouge clignote pour prévenir de l'arrivée d'un tramway. L'arrêt est obligatoire.

### AUTOROUTE

- En entrant sur autoroute : cédez le passage.
- **Vitesse maxi** sans signalisation : 130 km/h ( A ➔ 110 km/h).
- **Vitesse mini** voie de gauche : 80 km/h.
- **Intervalle de sécurité** : 2 traits de la bande d'arrêt d'urgence à 130 km/h.

## NUIT - INTEMPÉRIES

- **Nuit**

Ralentissez :

> Lorsque vous passez des feux de route aux feux de croisement.

> Lorsque vous passez d'une zone éclairée à une qui ne l'est pas.

> Au crépuscule et au lever du jour.

- **Pluie**

> Risque d'aquaplaning : ralentissez.

> Distance de freinage doublée.

> Visibilité réduite : utilisez les essuie-glaces, la ventilation ou la climatisation.

- **Brouillard**

> Augmentez l'intervalle de sécurité.

> Adaptez la vitesse à la visibilité : 50 m de visibilité = 50 km/h maxi.

- **Neige ou verglas**

> Augmentez l'intervalle de sécurité.

> Pas d'accélération ni de freinage brusque.

> Adaptez la vitesse à la visibilité et à l'adhérence.

> Chaînes à neige : au moins sur les 2 roues motrices.

- **Vent**

Ralentissez pour limiter les écarts (surtout avec une caravane).

## UTILISATION DES FEUX

▲ *Route éclairée* ▲ *Route non éclairée* ▲ *Route étroite et sinueuse* ▲ *Ville éclairée*

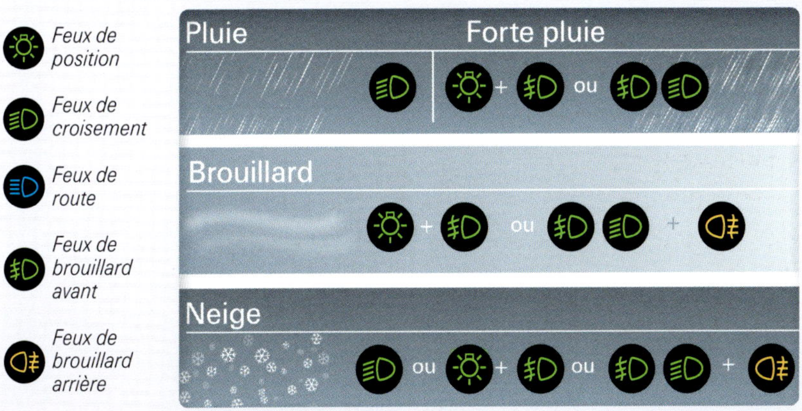

## DES ZONES DE RENCONTRE POUR UNE MEILLEURE COHABITATION.

# Les autres usagers

# Le partage de la rue

## *Une nouvelle organisation de l'espace public*

Le code de la rue prévoit un meilleur partage de l'espace public.

La rue est utilisée par de nombreux usagers.
La cohabitation est possible à condition de respecter les plus fragiles. Le principe est de faciliter la circulation des plus faibles.

---

**■ L'aire piétonne**
Zone dédiée aux piétons.

Ils sont prioritaires sur tous les autres usagers, exceptés les tramways.

**■ La zone de rencontre**
Les piétons sont prioritaires.
Vitesse limitée à 20 km/h.

Tous les usagers peuvent y circuler.
Les piétons peuvent utiliser toute la chaussée et traverser partout.

**■ Zone 30**
Rues fréquentées par les usagers fragiles.
Vitesse limitée à 30 km/h.

Toutes les rues peuvent être empruntées dans les 2 sens par les cyclistes.
La conduite doit être apaisée. En règle générale, la règle de la priorité à droite s'applique.

**■ Double sens cyclable**

En présence de cette signalisation 

les cyclistes peuvent remonter un sens interdit.

**■ Franchissement du feu tricolore**

Dans certaines villes et dans certains carrefours, en présence de cette signalisation, les cyclistes sont autorisés à tourner à droite ou à poursuivre tout droit malgré le feu rouge.

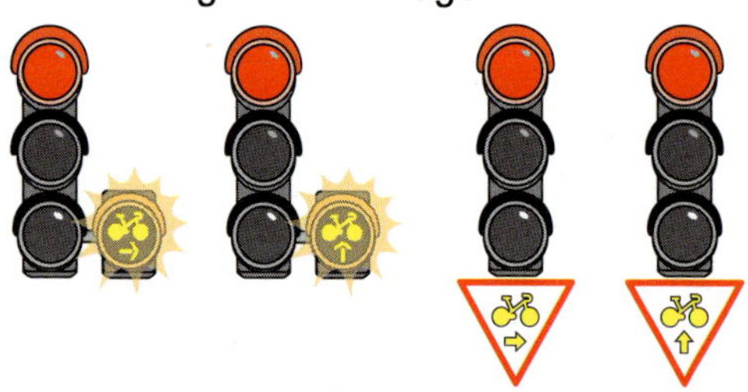

1 Cette ligne matérialise l'endroit où le conducteur doit s'arrêter pour laisser traverser un piéton.

2 Des voies de circulation sont réservées aux bus des lignes régulières.

Un panonceau complète le panneau si l'accès est autorisé aux taxis ou aux cyclistes ou à tous à certaines heures.

3 Sas vélo : permet aux cyclistes d'être vu et de démarrer avant les voitures.

4 Les trottoirs sont réservés à la circulation des piétons.

Jusqu'à 8 ans, les enfants peuvent circuler à vélo sur les trottoirs.

5 Les cyclistes et les utilisateurs d'EDP* motorisés disposent de bandes et de pistes qui leur sont réservées. Quand elles sont autorisées aux cyclomoteurs, un panonceau le précise.

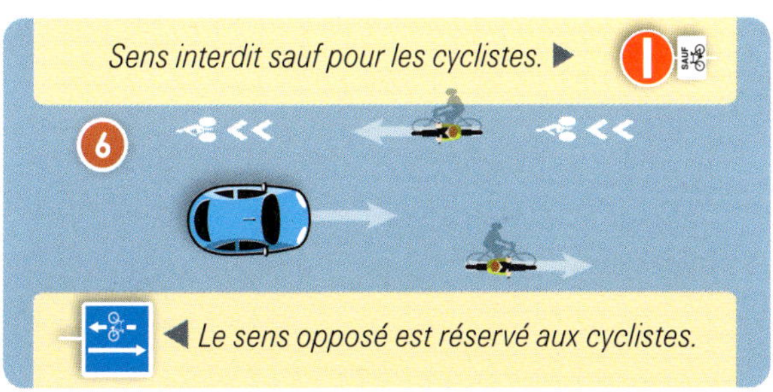


6

◀ Double sens cyclable (cyclistes et utilisateurs d'EDP* motorisés)

*EDP : Engins de Déplacement Personnel

## Les piétons

**20 % des tués environ.**
Si un piéton a commencé à traverser ou s'il manifeste son intention de s'engager, vous devez lui céder le passage, même en dehors d'un passage piétons.

Soyez vigilant lors de leur traversée. Ils sont souvent masqués par les voitures ou par les bus. Ils sont **vulnérables** et souvent imprévisibles.
La petite taille des **enfants** leur procure une vision totalement différente de celle des adultes. Ils apprécient moins bien les vitesses et les distances.
Les **personnes âgées** entendent, voient moins bien, et se déplacent plus lentement.

## Les cyclistes

**5 % des tués environ.**
Soyez attentif lorsque :
- vous longez une bande cyclable,
- vous tournez à droite,
- vous ouvrez votre portière.

Ils peuvent se faufiler partout et déboucher là où on ne les attend pas. La nuit, ils ne sont pas toujours bien visibles malgré leurs feux. Attention, en ville ils peuvent pour leur sécurité, s'écarter des véhicules en stationnement.
En ville dans les rues étroites à sens uniques, il faudra rester derrière eux. Le dépassement ne sera pas toujours possible.

**Attention!** Pour croiser ou dépasser un cycliste, laisser un écart minimal d'1 m en ville et 1,50 m hors agglomération même s'il circule sur une bande cyclable.

## Les utilisateurs d'Engins de Déplacement Personnel

**Non motorisés**

Ils sont assimilés à des piétons.

**Motorisés à partir de 12 ans**

Les règles sont essentiellement les mêmes que celles des cyclistes avec certaines spécificités.

**En agglomération**
Interdiction de circuler sur le trottoir (sauf dispositions favorable du maire).

Obligation de circuler sur les pistes et bandes cyclables lorsqu'il y en a.
À défaut, circuler sur la chaussée où la circulation est limitée à 50 km/h et moins.

**Hors agglomération**

La circulation est interdite sur la chaussée. Seulement sur les voies vertes et pistes cyclables.

6 pts

Tout conducteur est tenu de céder le passage, au besoin en s'arrêtant, au piéton s'engageant régulièrement dans la traversée d'une chaussée ou manifestant clairement l'intention de le faire ou circulant dans une aire piétonne ou une zone de rencontre.

---

## Les EDP

**EDP non motorisés**

*skateboard*

*trottinette*

*roller*

**EDP motorisés à partir de 12 ans**

*trottinette électrique*

*overboard*

*gyropodes*

*monoroue*

*draisienne*

### ▼ *Equipements*

*Vêtement ou équipement rétroréfléchissant porté la nuit ou en journée lorsque la visibilité est insuffisante.*

*Obligatoire hors agglomération*

25 Respecter la vitesse de l'engin limitée à 25 km/h par construction ou bridage.

## *Les deux-roues motorisés*

Ils ne sont pas toujours visibles et peuvent surprendre.

L'automobiliste doit être vigilant, avertir avec le clignotant avant de déboiter et tenir compte des angles morts de son véhicule.

Leur capacité d'accélération et leur faible encombrement leur permettent de passer à des endroits et à des moments où l'on ne passerait pas en voiture. Ils ne sont pas toujours visibles et peuvent surprendre.

Pour tourner, ils se penchent et coupent parfois les virages.

**■ La circulation interfiles (CIF)**

Elle consiste pour un 2 ou 3 roues motorisés à circuler entre les files de véhicules lorsque le trafic est ralenti.

La CIF se pratique à une vitesse de 50 km/h au maximum avec un différentiel de 30 km/h par rapport aux autres véhicules.

Par exemple, si la circulation est totalement arrêtée, la vitesse des motards sera limitée à 30 km/h (40 km/h si la vitesse est de 10 km/h, etc).

Le motard est en interfiles lorsqu'il circule entre les deux files de véhicules situées sur les deux voies de circulation les plus à gauche d'une chaussée.

▲ *Si 3 voies à sens unique.*

▲ *Si 2 voies à sens unique.*

▲ *Ils utilisent le pied pour saluer sans danger car ils gardent leur main droite sur le guidon. Le signe du pied ne doit pas être perçu comme agressif.*

▲ *Les motards ont l'obligation de jour de circuler avec le feu de croisement allumé (ou feu diurne pour les motos qui en sont équipés) à l'intérieur comme en dehors des agglomérations.*

▲ *Avant de déboîter, vérifiez que vous n'êtes pas en train d'être dépassé par un motard. Tenez compte de l'angle mort. Ne vous fiez pas uniquement à vos rétroviseurs.*

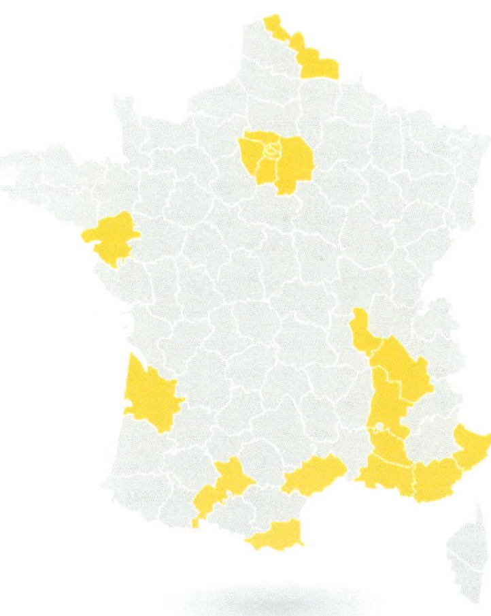

◄ *Au total, 21 départements concernés par cette expérimentation (dont 8 départements de l'Ile de France).*

## Les véhicules d'urgence

**Véhicules prioritaires**
Les autres usagers doivent leur faciliter les croisements, les dépassements mais aussi leur céder le passage aux intersections.

Police, gendarmerie, pompiers, SAMU, SMUR, douanes etc. font partie des véhicules d'urgence prioritaires.
Ils sont autorisés à ne pas respecter la signalisation et les règles de circulation quand ils sont en mission (gyrophares bleus tournants et sirène à **2 temps**).
Mais ce n'est pas un droit absolu! En effet, en aucun cas ils ne doivent mettre en danger les autres usagers.

**Véhicules non prioritaires**
Lorsqu'ils sont en mission, il convient de leur faciliter le passage!

Ambulances, électricité ou gaz secours, transport de produits sanguins, chasse-neige et autres engins de service hivernal, banque de France, associations médicales... utilisent eux aussi des avertisseurs spéciaux (gyrophares à éclats bleus, avertisseur à **3 temps**).
Ils ne sont pas prioritaires aux intersections.

## Les convois exceptionnels et véhicules de guidage

Un convoi exceptionnel en mouvement et les véhicules qui l'accompagnent sont prioritaires aux intersections.

Les usagers doivent renoncer à s'engager sur une intersection lorsque l'imminence du franchissement par un convoi leur est signalée par un véhicule d'accompagnement.
De plus lorsque l'intersection comporte des feux tricolores, l'ensemble du convoi a la priorité si le véhicule de tête est passé au vert.
Pour croiser un convoi exceptionnel, les autres usagers doivent réduire leur vitesse et au besoin s'arrêter ou encore se garer pour faciliter le passage du convoi et des véhicules d'accompagnement.

◀ *Véhicules prioritaires*
*Leur faciliter les manœuvres de croisement et de dépassement.*

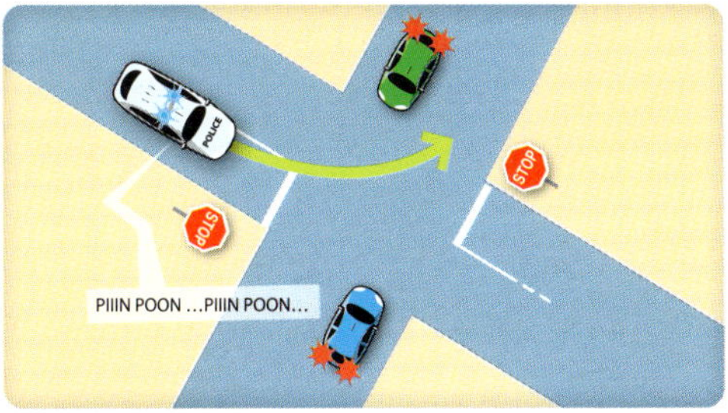


◀ *Véhicules prioritaires*
*Leur céder le passage aux intersections (même celles équipées de feux).*

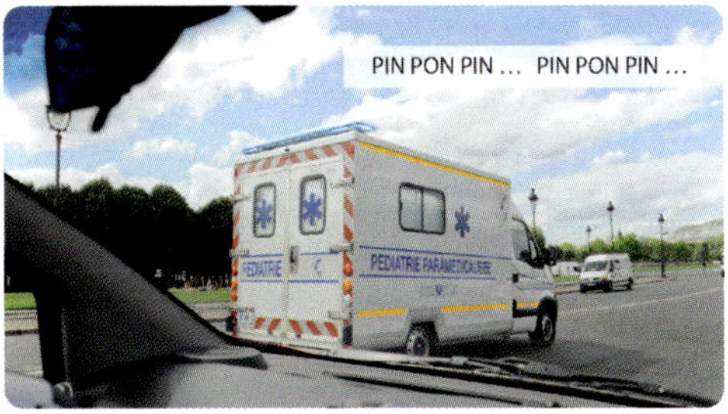


◀ *Véhicules non prioritaires*
*Ils ne sont pas prioritaires aux intersections.*

◀ *Véhicules non prioritaires*
*Lorsqu'ils utilisent leurs avertisseurs spéciaux, il convient de leur faciliter le passage.*

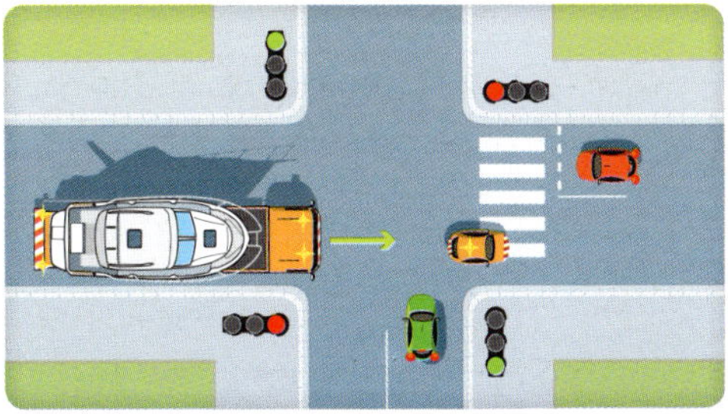

◀ *Si le feu passe au rouge pendant que le reste du convoi franchit l'intersection, la priorité reste au convoi et à son escorte.*

## *Les véhicules encombrants*

Pour mieux voir vers l'avant, éviter de suivre ces véhicules de trop près.
Il faut plus de temps pour les dépasser.

Parce qu'ils sont lourds et encombrants, il leur faut beaucoup d'espace. Ils gênent la visibilité à cause de leurs dimensions. Ils peuvent cacher un virage, une intersection, un panneau...
Un véhicule avec des triangles rouges à l'arrière comporte une remorque.
Un ensemble de véhicules peut faire jusqu'à 25 m de long!

Les vitesses maximales des poids lourds sont indiquées à l'arrière du véhicule.

*La différence de vitesse peut surprendre! Sur autoroute, ils roulent au maximum à 90 km/h.*

Les véhicules transportant des matières dangereuses sont identifiables par une plaque orange.

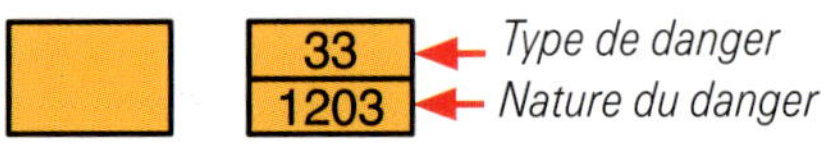


## *Les véhicules lents*

Les véhicules lents sont signalés par des feux clignotants de couleur jaune orangée.

Les véhicules destinés aux ordures ménagères ou les véhicules d'entretien des voiries se déplacent lentement, s'arrêtent souvent et des hommes travaillent autour.

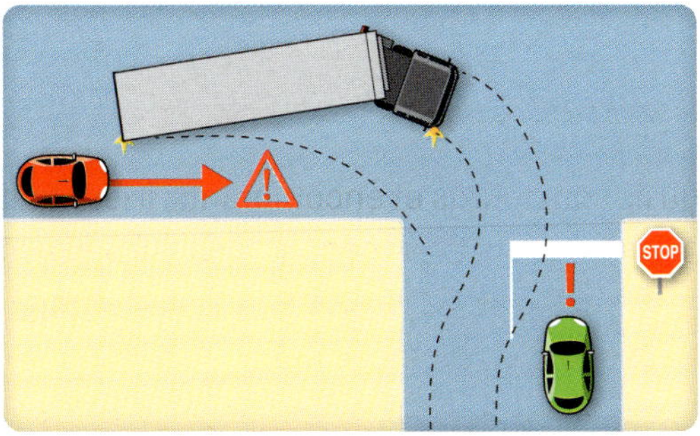


◄ *Tenir compte du gabarit des véhicules lourds. Pour tourner à droite, ils doivent parfois se placer sur la voie de gauche. Soyez prêt à vous arrêter et à lui faciliter le passage.*

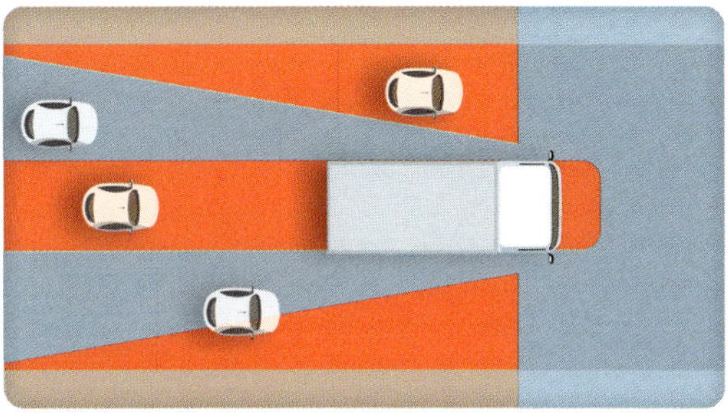

◄ *Attention, ne rester jamais dans les angles morts d'un poids lourd.*

▲ *Les possibilités d'accélération sont limitées du fait de leur chargement. Favoriser si possible le passage au poids lourd qui s'élance sur la voie d'accélération.*

---

► *Les véhicules de service peuvent surprendre le conducteur par leur allure très réduite. Les croiser et les dépasser avec prudence.*

## Les bus

En ville, les bus sont prioritaires lorsqu'ils quittent leur arrêt.

En ville, lorsqu'un bus a allumé son clignotant parce qu'il s'apprête à quitter son arrêt, il faut ralentir ou s'arrêter pour le laisser partir.
Attention, dans certaines villes, les bus circulent quelquefois à contresens de la circulation dans une voie spécialement aménagée.

▲ *On doit leur faciliter le passage aux intersections et dans les rues étroites.*

Lorsqu'ils sont à l'arrêt, veiller à les dépasser au ralenti : trop souvent, des passagers traversent la rue par l'avant du bus.

## Les autocars

Les autocars affectés au transport d'enfants, sont équipés à l'avant et à l'arrière d'un signal particulier.

◀ *Dès qu'un transport d'enfants fait fonctionner les feux de détresse, il vous indique que des enfants montent ou descendent du bus.*

# *Partager la rue*

C'est en présence des autres usagers que le mot circulation prend tout son sens. Bien conduire, c'est prévoir l'évolution des situations et se préparer à ne pas entrer en conflits avec une des multiples zones qui nous entourent.

**Anticiper les déplacements**

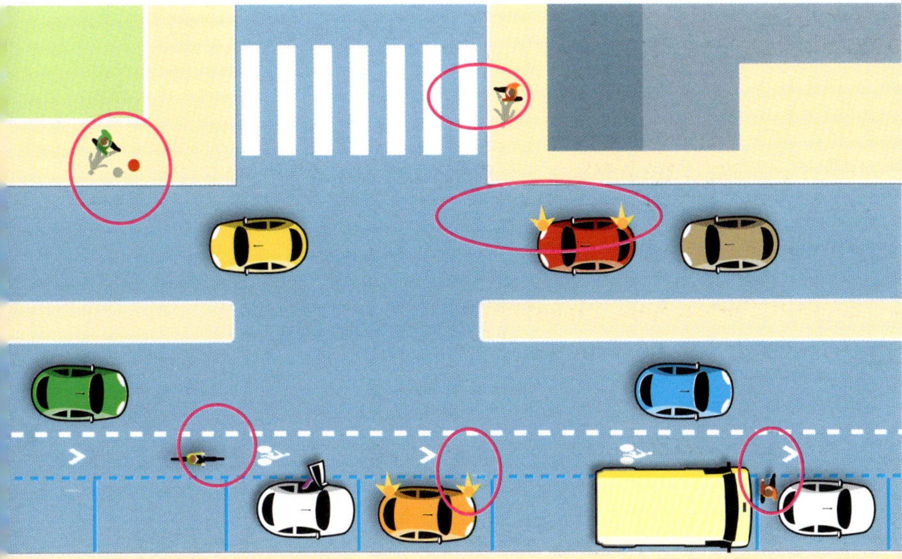

▲ *Évaluer les incertitudes.*

Où se situera chaque usager dans 2 ou 3 secondes ?
Le temps pour vous de vous arrêter ou de vous écarter, par exemple.

# PARCOURS DU PERMIS…
# 6 POINTS POUR DÉBUTER !

# Les notions diverses

D

## *Documents obligatoires*

**■ Permis**
À présenter à tout contrôle.

Il faut le permis B pour conduire un véhicule de tourisme ou un véhicule de transport de marchandises dont le PTAC (Poids Total Autorisé en Charge) ne dépasse pas 3 500 kg.

**■ Certification d'immatriculation (carte grise)**
À présenter à tout contrôle. C'est l'autorisation de circuler du véhicule et elle permet son identification avec le N° d'immatriculation. Obligatoire à bord du véhicule lorsqu'il circule.

Le nouveau système d'immatriculation permet de conserver le même numéro de la mise en circulation jusqu'à la destruction, même en cas de changement de propriétaire ou de déménagement.
En cas de vente ou de changement de domicile, il est obligatoire de demander la modification du certificat d'immatriculation dans le délai d'un mois. En cas de perte ou de vol du certificat, le récépissé est valable 1 mois.

**■ Vignette de contrôle technique**

Les véhicules qui ont subi une visite technique (quelque soit le résultat) doivent porter une vignette sur le pare-brise.

**■ Certificat d'assurance**

Le certificat d'assurance doit être apposé sur le pare-brise. Le conducteur doit également pouvoir présenter son attestation d'assurance.

## *Accessoires obligatoires*

À bord du véhicule.

- Triangle de présignalisation : dans le coffre.
- Gilet rétroréfléchissant : au moins un, à portée de main du conducteur.

**Une boîte d'ampoules n'est pas obligatoire. Mais si une ampoule est défectueuse, le conducteur doit la remplacer pour continuer à circuler.**

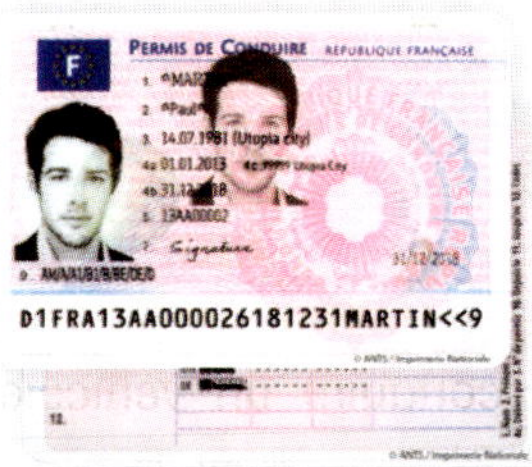


Conduire un véhicule sans être titulaire du permis de conduire est puni (la première fois) d'une amende forfaitaire délictuelle : 800 €.
La loi est plus sévère pour les récidivistes ou pour ceux qui roulent avec un permis suspendu, annulé ou invalidé.

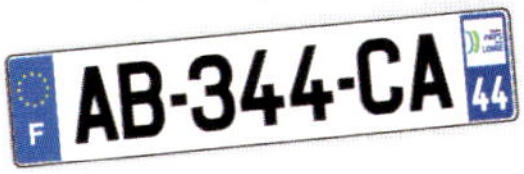


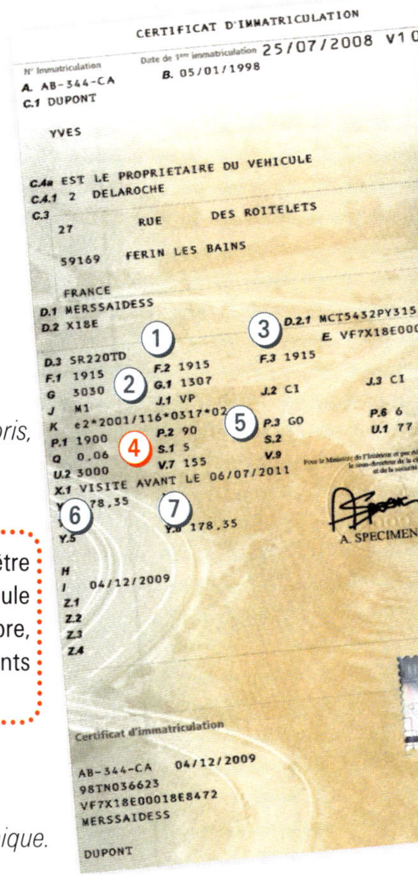


1) *(F2) PTAC*
*Poids maximum à ne pas dépasser.*

2) *(G1) PV : Poids à vide.*

3) *(F3) PTRA*
*Poids total maximum du véhicule avec une remorque.*

4) *(S1) Nombre maximum de personnes, conducteur compris, pouvant être transportées.*

Chaque siège ne peut être occupé que par une seule personne : en cas de surnombre, amende de 135 € et un retrait de 3 points de permis pour le conducteur.

5) *(P3) Carburant.*

6) *(X1) Date prochaine visite technique.*

7) *(V7) Taux de rejet de $CO_2$/km parcouru.*

L'oubli du permis de conduire ou du certificat d'immatriculation est sanctionnable par une contravention de 1ère classe (amende forfaitaire de 11 € par document manquant). Il faut présenter les documents dans les 5 jours au commissariat ou à la gendarmerie de son choix sous peine d'une nouvelle amende de 4e classe.

## *Documents facultatifs*

**Constat amiable**

Chaque conducteur impliqué dans l'accident, après avoir signé le constat, doit le renvoyer dans les 5 jours ouvrés (2 jours en cas de vol) à sa compagnie d'assurances.

Il est en général fourni par votre assureur.
Il n'est pas obligatoire mais fortement conseillé de l'utiliser, car lors d'un accident matériel, il permet d'accélérer le règlement (en cas d'accident corporel, il est obligatoire d'appeler les forces de l'ordre). Avoir un constat prérempli dans sa partie administrative permet de se concentrer sur la sécurité des lieux plutôt que sur la recherche fastidieuse d'informations.

**Le E-constat**

Le e-constat a la même valeur que le constat papier. L'envoi électronique accélère la réception.

Le constat amiable est disponible par téléchargement sur le smartphone. Cette application reconnue par les assurances propose une aide au remplissage et permet même de joindre des photos de l'accident. Une fois rempli, vous le transmettez directement par mail à votre assureur.

**Disque de stationnement**

Cet accessoire est obligatoire pour stationner dans les zones où le stationnement est réglementé dans sa durée sans être payant (zone bleue).

---

## *Assurance*

***Être assuré, c'est éviter d'avoir à payer des sommes considérables en cas d'accident.***

**Attention**, conduire sans permis et provoquer un accident, c'est devoir rembourser à l'assureur les sommes versées aux victimes.

**Garantie minimum obligatoire**

Cette assurance dite "au tiers" couvre les dégâts causés au tiers, c'est-à-dire aux autres usagers impliqués dans un accident. Elle intervient lorsque le conducteur est responsable ou partiellement responsable d'un accident.

**Garanties facultatives**

Elles assurent le véhicule contre les dommages matériels, et le conducteur contre les dommages corporels.

---

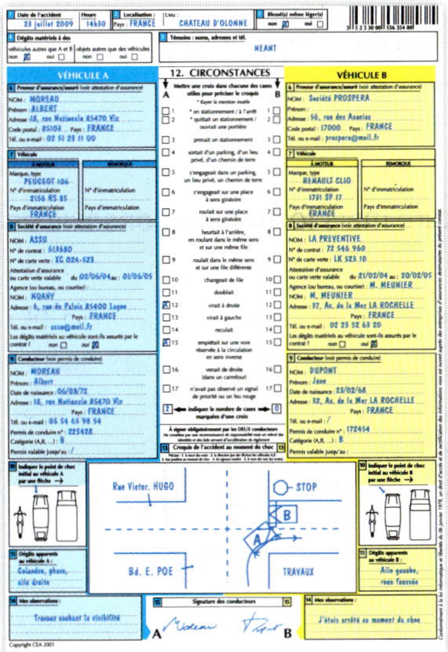


▲ Ne pas modifier le recto après signatures des deux parties.

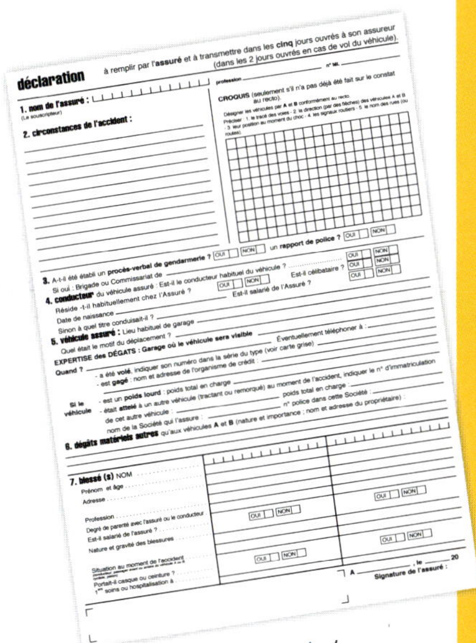


▲ Le verso se remplit une fois les feuillets séparés. Il permet d'accélérer la gestion du dossier mais ne sert pas à déterminer les responsabilités.

*Si l'autre conducteur refuse de remplir le constat, relevez au moins son immatriculation et si possible son nom et ceux des témoins et prévenez immédiatement votre assureur.*

Conduire sans être assuré, c'est courir de graves ennuis financiers en cas d'accident.

## Assurances

| Obligatoire | Risques couverts |
|---|---|
| • Responsabilité civile | Tous les dommages (matériels et corporels) causés aux autres tiers. |
| **Du véhicule (facultatives)** | **Risques couverts** |
| • Dommages - Collision | Dommages subis par le véhicule lorsque le conducteur est responsable d'un accident avec un piéton ou un autre véhicule identifié. |
| • Dommages tous accidents (tous risques) | Dommages subis par le véhicule, quelles que soient les circonstances de l'accident (y compris en cas de vandalisme). |
| • Vol - Incendie | Disparition, détérioration du véhicule en cas de vol ou d'incendie. |
| • Bris de glace | Bris de vitres, et éventuellement des optiques. |
| • Défense - Recours | Défense devant les tribunaux. |
| **Du conducteur (facultative)** | **Risques couverts** |
| • Garantie du conducteur | Dommages corporels subis par le conducteur. |

# Le chargement

## *Bagages*

C'est dans le **coffre** que les bagages sont les moins gênants.

Le chargement ne doit gêner ni les mouvements ni la visibilité du conducteur. Les bagages ne doivent pas présenter de risques en cas de freinage brusque ou de choc.

Les objets lourds doivent être centrés et placés le plus bas possible pour ne pas modifier la tenue de route.

---

## *Objets encombrants*

Le chargement peut dépasser en dehors du véhicule ou être transporté sur le toit. Évidemment, il ne doit pas traîner sur le sol.

**En longueur**
Pas de dépassement devant.
Dépassement de 3 m au maximum à l'arrière.

**À partir d'1 m**, il faut fixer un dispositif réfléchissant à l'extrémité, complété par un feu rouge la nuit et quand la visibilité est réduite (brouillard).

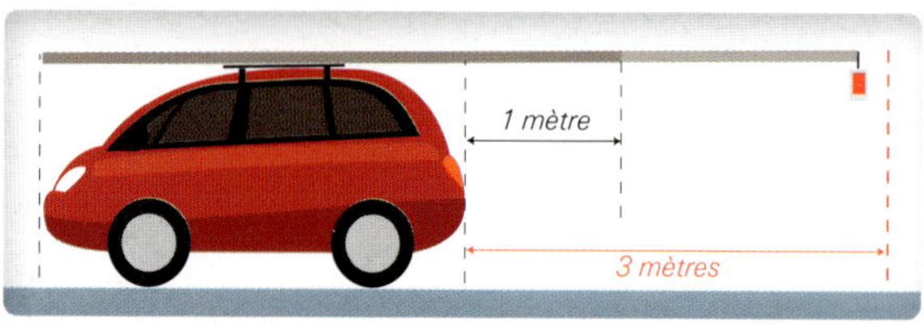


**En hauteur**
Aucune limitation n'est imposée.
Seul un panneau peut interdire l'accès.

Attention à l'arrimage. Tenir compte de la limite de poids en cas d'utilisation d'un coffre de toit.

**En largeur**
2,55 m maximum.

Lors de la mise en place d'un vélo sur un porte-vélos, il est possible de rajouter une plaque et des feux sur le vélo.

---

▲ *Avec la charge, il peut être nécessaire :*
- *d'augmenter la pression des pneus,*
- *d'abaisser la hauteur des faisceaux des feux avant pour ne pas éblouir en face la nuit.*

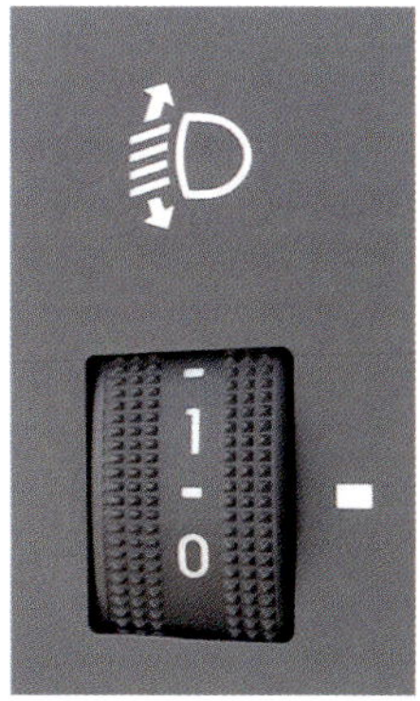


▲
*O : position normale*
*3 : si le véhicule est très chargé.*

▲ *Éviter de poser des objets sur la plage arrière : en cas d'arrêt brusque, ils risqueraient d'être violemment projetés sur les occupants du véhicule.*

◀ *Veiller à ne pas masquer la plaque d'immatriculation ou les feux.*

*Si l'objet transporté dissimule la plaque d'immatriculation, il faut fixer une deuxième plaque sur l'objet.*

## *Remorques et caravanes*

**Permis BE ou pas ?**
Le permis B (voiture) suffit pour tracter une remorque jusqu'à 750 kg.

Pour les remorques et caravanes de plus de 750 kg, le permis B suffit sous réserve que l'ensemble ne dépasse pas 4 250 kg de poids total autorisé en charge (PTAC).
Toutefois lorsque la somme des PTAC (cumul véhicule tracteur + remorque) est comprise entre 3 500 kg et 4 250 kg, le conducteur doit suivre une formation de 7 heures (Permis B 96).

**Plaque et documents**
Jusqu'à 500 kg, la plaque d'immatriculation est la même que celle de la voiture.

Si le PTAC de la remorque excède 500 kg, celle-ci doit avoir sa propre carte grise (certificat d'immatriculation), donc sa propre plaque d'immatriculation.

Tirer une caravane ou même une petite remorque change le comportement du véhicule qui tracte. La trajectoire peut être déviée.

**Le freinage**

Le poids de la remorque pousse et contrarie le freinage ; il faut donc prévoir plus de temps et de distance pour s'arrêter. Il faut aussi conserver des distances de sécurité plus grandes.

**Les virages**

La remorque n'a pas la même tenue de route que la voiture à cause de son poids, de sa hauteur et de la position des roues. Attention à passer les virages beaucoup moins vite que lorsque l'on circule en "solo".

**Le vent**

Les remorques hautes, surtout, sont très sensibles au vent latéral. Attention, aux endroits exposés, mais aussi lors du croisement ou du dépassement des poids lourds.

**Permis B**

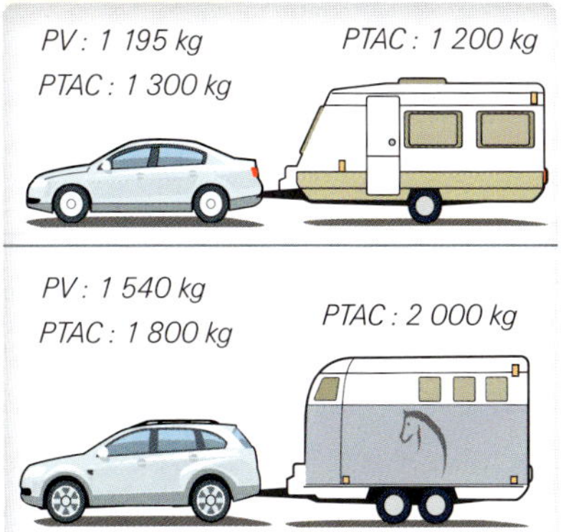


*Permis B + formation de 7 h*
*Permis B 96*

**Permis BE**

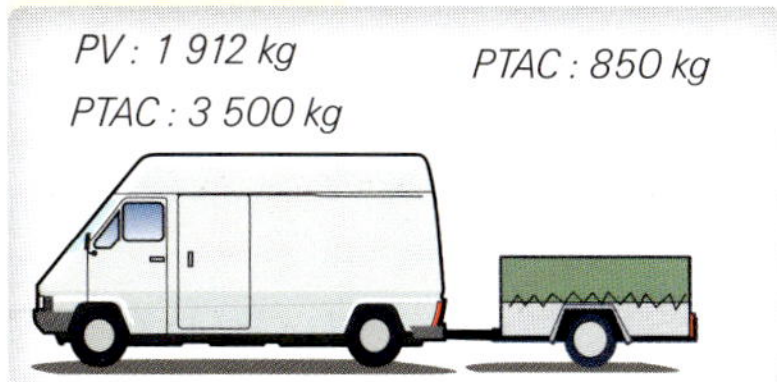

▶ *Des catadioptres triangulaires complètent la signalisation des remorques.*

▲ *Avec le permis B, un véhicule loué par exemple, peut avoir un gabarit dont on n'a pas l'habitude. Et ça passe ou ça casse !*

### Les camping-cars ou camionnettes avec le permis B

Il faut surveiller particulièrement la hauteur, en particulier en entrant dans les parkings surtout s'ils sont souterrains et aux manœuvres en marche arrière car la visibilité est réduite.

## Le transport des passagers

**Nombre**
8 passagers au maximum (plus le conducteur). Au-dessus, il faut posséder le permis transport en commun.

Conduire avec plusieurs passagers est différent de conduire seul. Attention à l'accélération, au freinage, à la tenue de route...

**Adultes**
Tous doivent être correctement ceinturés.

**Enfants**
Verrouillez la sécurité enfant.
Ne les laissez pas descendre côté rue!

Le nombre de passagers ne peut pas dépasser le nombre de places assises précisé sur le certificat d'immatriculation. Il peut arriver que le nombre de passagers assurés soit inférieur au nombre de places notées sur le certificat d'immatriculation.
Il est interdit de transporter des passagers dans une remorque ou dans une caravane ou même à l'arrière d'une camionnette sans siège.

L'attitude de certains passagers risque d'influencer votre conduite. Le conducteur doit veiller à ce que les passagers ne gênent pas ses mouvements et que sa visibilité vers l'arrière soit la moins réduite possible.

Pendant le trajet, ils ne doivent pas se détacher. Certains passagers à l'arrière se rapprochent du conducteur pour discuter. C'est extrêmement dangereux aussi bien pour leur sécurité que pour la vôtre.
Sur des longs trajets, prévoir nourriture et boissons pour les enfants ainsi que des activités permettant de ne pas perturber le conducteur.
Prévoir des pauses plus fréquentes (d'1/4 h toutes les 2 heures de conduite, on peut passer à 1/4 h toutes les heures).

## Les animaux

Un animal familier peut avoir des réactions imprévisibles qui surprennent le conducteur.

Ne jamais transporter un animal en liberté dans l'habitacle. C'est dangereux pour lui comme pour vous. Enfermer l'animal dans une caisse prévue à cet effet ou l'isoler par une barrière ou un filet. Il est possible d'attacher l'animal avec le clip de la ceinture de sécurité et son harnais.

▲ *Les passagers doivent être naturellement placés pour ne pas déséquilibrer le véhicule mais surtout pour ne pas masquer la visibilité du conducteur.*

Chaque siège ne peut être occupé que par une seule personne : en cas de surnombre, amende de 135€ et un retrait de 3 points de permis pour le conducteur.

▲ *Pour éviter les risques de blessures dus au déclenchement de l'airbag, le passager ne doit pas poser ses pieds sur le tableau de bord.*

▲ *Ne laissez pas un enfant se coucher à l'arrière sur les sièges.*

▶ *Transporter un animal dans une caisse c'est bien, à condition de bien la fixer de manière à ce qu'elle ne se balade pas en cas de freinage d'urgence.*

Le permis n'est pas un document acquis définitivement.

Le permis à points a été instauré afin de responsabiliser les conducteurs et les inciter à respecter les règles du Code de la route.

## *Capital initial et permis probatoire*

25 % des conducteurs novices sont impliqués dans un accident corporel de la circulation.

Le capital initial est de 6 points.

Le permis probatoire concerne les conducteurs qui viennent d'avoir leur permis et les conducteurs dont le permis a été annulé ou invalidé par la perte totale de points.

## *Parcours pour permis à 12 points*

Le permis probatoire permet d'acquérir **progressivement** un capital de 12 points pendant la période probatoire à condition de ne commettre aucune infraction entraînant un retrait de points.

**Jeunes conducteurs**

De 6 à 12 points en :
- 2 ans si Apprentissage Anticipé de la Conduite (AAC)
- 3 ans autrement.

Si stage post-permis, réduction de la période probatoire :
- 1 an et demi si AAC
- 2 ans autrement.

- **Permis obtenu sans AAC**
  Le conducteur obtiendra automatiquement 2 points supplémentaires par an pendant 3 ans.
- **Permis AAC**
  La majoration sera de 3 points par an pendant 2 ans.
  Une formation post-permis* (7H à l'école de conduite) permet de raccourcir le délai pour acquérir ses 12 points.

* Pour les nouveaux titulaires d'un permis obtenu à partir du 1er janvier 2019.

En cas de retrait de point(s) pendant la période probatoire la majoration automatique par année s'arrête.
Le capital est porté automatiquement à 12 dans un délai de 3 ans, si le conducteur n'a subi aucun retrait de points.

## Conduite accompagnée : 2 formules

| Dès 15 ans<br>AAC | À partir de 18 ans<br>CONDUITE SUPERVISÉE |
| --- | --- |

Contrairement à l'AAC, la formule "conduite supervisée" ne permet pas de réduire la durée probatoire du permis de conduire.

Avoir toujours avec soi le livret d'apprentissage, la photocopie du cerfa 02, et le document d'extension de garantie de l'assurance : ce sont des justificatifs en cas de contrôle par les forces de l'ordre. L'accompagnateur doit avoir son permis de conduire avec lui. Lors d'une leçon de conduite, mon enseignant doit présenter son autorisation d'enseigner.

## La formation post permis

### Pour qui ?

Les titulaires d'un 1er permis de conduire depuis **au minimum 6 mois et au maximum 12 mois.**

### Comment ?

Une journée de **7 heures de formation** par groupe de 6 à 12 personnes dans une auto-école labellisée.

### Avantage ?

Réduction de la période probatoire :

EN 1 AN ET DEMI* AU LIEU DE ~~2 ANS~~

si permis obtenu via AAC

**12 POINTS + VITE**

EN 2 ANS* AU LIEU DE ~~3 ANS~~

si permis obtenu avec ou sans conduite supervisée

* À condition de ne commettre aucune infraction donnant lieu à retrait de points.

## *Perte de points*

La perte varie selon l'infraction.

2 sortes d'infractions entraînent une perte de points :
- les contraventions (perte de 1 à 6 points),
- les délits (perte directe de 6 points).

Le fait de commettre en même temps plusieurs infractions peut entraîner un retrait cumulé de 8 points maximum.

## *Reconstitution du capital*

**Au bout de 6 mois.**

La perte d'un point est récupérée automatiquement si le conducteur n'a subi aucun retrait de points durant 6 mois.

**Au bout de deux ou trois ans.**

Attention ! Pour les conducteurs en période probatoire, le délai reste fixé à 3 ans quelle que soit la classification de l'infraction.

Le capital est porté automatiquement à 12 points si le conducteur n'a subi aucun retrait de points pendant un délai de 2 ans. Celui-ci est porté à 3 ans si l'infraction commise est un délit ou une contravention de la 4e ou 5e classe.

**Stage de sensibilisation.**

Obligatoire pendant la période probatoire pour tout retrait de points égal ou supérieur à 3 (ex : retrait de 3 points pour non port de la ceinture de sécurité).

Un stage permet de récupérer 4 points maximum. Tous les conducteurs dont le capital est passé à 6 points ou moins, reçoivent un courrier recommandé leur proposant un stage de sensibilisation à la sécurité routière. Il est possible de suivre un stage tous les ans.

## *Perte du permis (invalidation)*

Quand il ne reste plus de points, le permis est dit "invalidé".
Pour un novice durant la 1re année du permis, cela concerne toutes les infractions à 6 points.

Le permis est automatiquement invalidé pour toutes les catégories (auto, moto, poids lourds...). La conduite est interdite. Il n'est plus possible de regagner des points en suivant un stage de sensibilisation.

*Barème (exemples).*

| Nature de l'infraction | Amende | Suspension de permis | Retrait de points |
|---|---|---|---|
| • Excès de vitesse (de 1 à 19 km/h) vitesse supérieure à 50 km/h | 68 € | Aucune | **1 point** |
| • Excès de vitesse (de 1 à 19 km/h) vitesse limitée à 50 km/h | 135 € | Aucune | **1 point** |
| • Excès de vitesse (de 20 à 29 km/h) | 135 € | Aucune | **2 points** |
| • Excès de vitesse (de 30 à 39 km/h) | 135 € | 3 ans maxi | **3 points** |
| • Excès de vitesse (de 40 à 49 km/h) | 135 € | 3 ans maxi | **4 points** |
| • Excès de vitesse de 50 km/h ou plus | Maxi 1 500 € | 3 ans maxi | **6 points** |
| • Récidive d'excès de vitesse de 50 km/h ou plus | Maxi 3 750 € | 3 ans maxi | **6 points** |
| • Alcoolémie (de 0,50 à 0,79 g/l de sang) | 135 € | 3 ans maxi | **6 points** |
| • Conduite après usage de drogues | Maxi 4 500 € | 3 ans maxi | **6 points** |

**Attention**, quand un permis est suspendu, tous les permis le sont aussi.

*Il est possible de connaître à tout moment le solde des points du permis de conduire via une connexion à un site spécialement dédié et sécurisé : http://www.telepoints.info*

▲ *Remplissez au préalable votre demande de code d'accès pour pouvoir consulter ce site.*

## Retrait immédiat du permis de conduire

Pour des raisons de sécurité immédiate, les agents peuvent retirer le permis sur le champ. Il sera transformé en suspension administrative par le préfet en attendant la décision du tribunal.

- État alcoolique ou refus de dépistage.
- Excès de vitesse de 40 km/h et plus.
- Usage de stupéfiants.
- Lors d'un accident mortel avec soupçon d'infraction liée à la vitesse, aux règles de priorités de passage, de croisement, ou de dépassement.

## Contraventions

Le propriétaire d'une voiture est responsable des infractions commises, sauf s'il prouve que ce n'est pas lui qui était au volant.

**Les amendes forfaitaires**

Le conducteur peut contester une amende mais il lui faudra d'abord verser une consignation du montant de l'amende forfaitaire, puis s'expliquer devant le tribunal de police, qui pourra le relaxer ou le condamner. L'amende sera alors plus élevée.

**Le tribunal de police**

Pour les contraventions de 5ᵉ classe :
amende jusqu'à 1 500 € et 3 ans maxi de suspension de permis.

## Délits

**Le tribunal correctionnel**
Certains délits bénéficient de la procédure de l'amende forfaitaire (défaut de permis, défaut d'assurance).

Les délits sont les infractions les plus graves, pour lesquelles le conducteur sera jugé devant un tribunal correctionnel. Les délits peuvent entraîner une peine d'emprisonnement.
Le juge peut par exemple obliger le conducteur à suivre un stage de sécurité routière ou à effectuer des travaux d'intérêt général (TIG).

| Nature de l'infraction | Amende maximum | Amende forfaitaire | | |
|---|---|---|---|---|
| | | minorée | normale | majorée |
| 1re classe | 38 € | – | 11 €* | 33 € |
| 2e classe | 150 € | 22 € | 35 € | 75 € |
| 3e classe | 450 € | 45 € | 68 € | 180 € |
| 4e classe | 750 € | 90 € | 135 € | 375 € |
| 5e classe | 1 500 € | – | – | – |
| Délit | Conduite sans assurance | 400 € | 500 € | 1000 € |
| Délit | Défaut de permis | 640 € | 800 € | 1600 € |

▲ *Le retrait de points est effectif le jour du paiement de l'amende (forfaitaire ou majorée).*

** 4 € pour les contraventions commises par les piétons.*

-6 pts

Le **délit de fuite** est constitué lorsque le conducteur refuse d'être identifié alors qu'il est conscient d'avoir causé un accident ayant entraîné des dommages matériels et corporels. Jusqu'à 3 ans de prison et 75 000 € d'amende.

-6 pts

Un conducteur qui refuse d'obéir à un ordre de s'arrêter émanant des forces de l'ordre, commet un **délit de refus d'obtempérer**. Jusqu'à 1 an de prison et 7 500 € d'amende.

Ne pas porter secours, ou ne pas déclencher un secours, constitue un délit et est passible de sanctions graves pour **non-assistance à personne en danger** (peine de prison et lourde amende). Jusqu'à 5 ans de prison et 75 000 € d'amende.

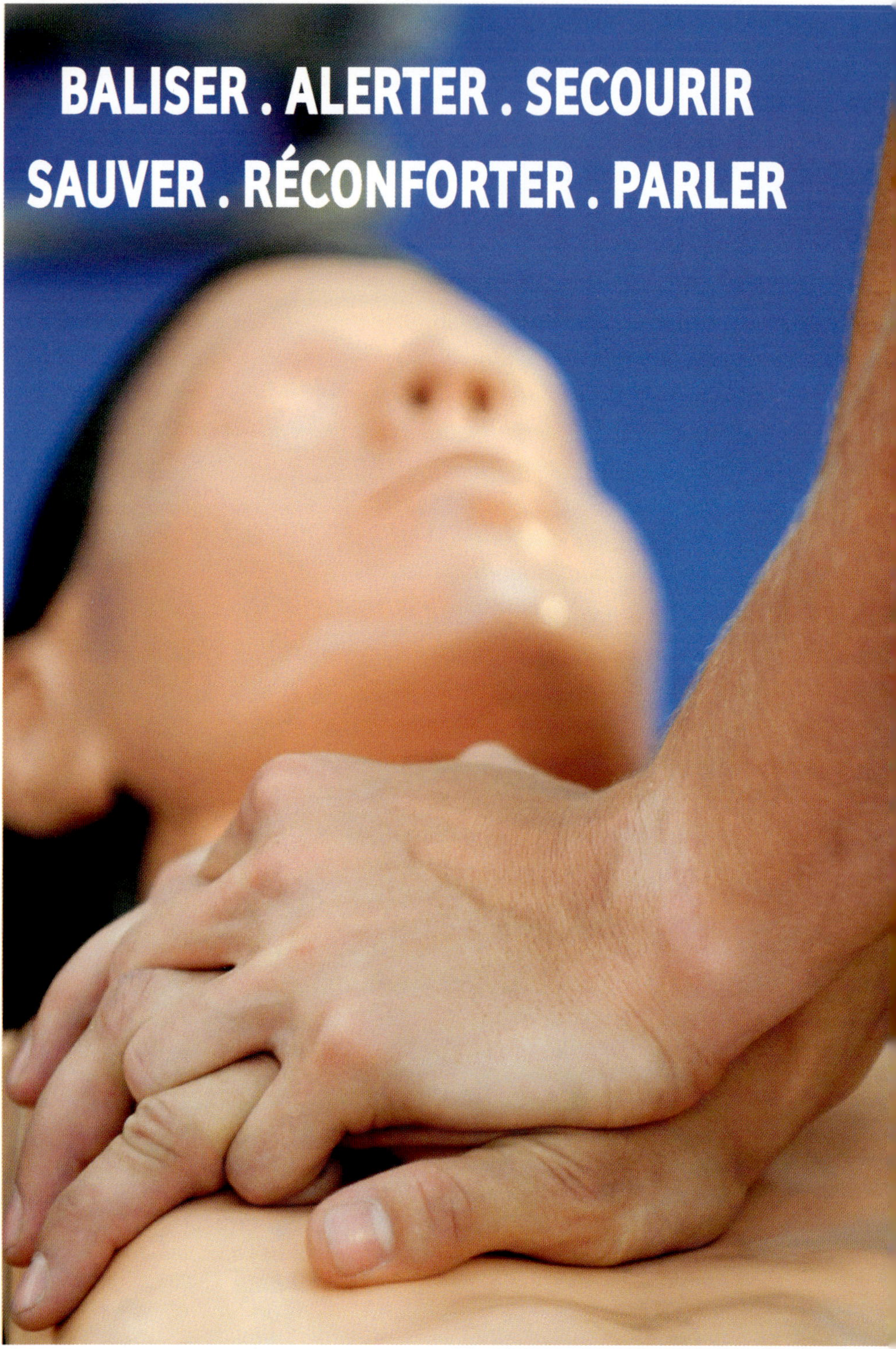
BALISER . ALERTER . SECOURIR
SAUVER . RÉCONFORTER . PARLER

# Les premiers secours

A



## Présentation des formations

- Gestes qui sauvent (GQS)
- Prévention et secours civiques de niveau 1 (PSC 1)
- Premiers secours en équipe de niveau 1 (PSE 1)
- Premiers secours en équipe de niveau 2 (PSE 2)

*Ces formations sont uniquement dispensées par les associations agréées et organismes habilités à la formation aux premiers secours par le ministère de l'intérieur et permettent d'acquérir les compétences nécessaires pour concourir par son comportement à la sécurité civile en vertu de l'article L.721-1 du Code de la sécurité intérieure.*

# LA PROTECTION

## *Protection d'une personne en danger*

Rechercher si un danger peut générer un sur-accident. Protégez-vous, protéger la zone de danger et la ou les victimes et témoins.

Une victime ou toute autre personne menacée par un danger doit être protégée, notamment du sur-accident. Pour cela, lorsque vous pouvez agir sans risque pour votre propre sécurité, vous devez immédiatement supprimer ou écarter le danger de façon permanente (ex. couper le courant, fermer le gaz, baliser une zone d'accident).

## *Dégagement d'urgence d'une victime*

Cette manœuvre peut être dangereuse pour la victime ou vous-même. **Elle doit donc rester exceptionnelle.** Vous devez être sûr(e) d'avoir les capacités à réaliser l'extraction de la victime.

Lorsque la victime ne peut se soustraire d'elle-même à un **danger réel, immédiat et non contrôlable**, un dégagement d'urgence peut être alors réalisé. **Le dégagement d'urgence doit permettre de placer la victime dans un endroit suffisamment éloigné du danger et de ses conséquences.**
Aucune technique n'est imposée. Vous devez accéder à la victime par le cheminement le plus sûr et le plus rapide, **seulement si elle est visible, facile à atteindre et que rien ne gêne son dégagement.**

***Devant l'impossibilité de supprimer le danger ou de dégager la victime***

1. Alerter ou faire alerter les secours.
2. Assurer une surveillance permanente de la zone de danger pour empêcher toute personne d'y pénétrer jusqu'à l'arrivée des secours.

***Devant une attaque terroriste ou une situation de violence***

**Appliquer les consignes nationales.**

1. S'échapper, si c'est impossible se cacher,
2. Alerter et obéir aux forces de l'ordre,
3. Réaliser les gestes de premiers secours,
4. Rester vigilant.

# L'ALERTE

**■ Décider d'alerter les secours**

L'alerte doit être rapide et précise pour permettre aux services de secours d'apporter les moyens adaptés aux victimes dans le délai le plus court. Observer la situation et localiser l'événement.

■ Se munir d'un moyen de communication.

L'alerte doit être donnée à l'aide d'un téléphone portable ou à défaut d'un téléphone fixe ou d'une borne d'appel.

La borne d'appel d'urgence indique automatiquement la position aux services d'urgence.

Utiliser un téléphone. Même si ce n'est pas le vôtre et qu'il est verrouillé, appeler les services d'urgence est toujours possible.

**■ Choisir un service de secours adapté**

| 18 | 15 | 112 |
|---|---|---|
| ***Appel des sapeurs-pompiers,*** en charge des secours d'urgence : personnes, accidents, incendies | ***Appel des SAMU,*** en charge de la réponse médicale : problèmes urgents de santé et conseils | ***Appel d'urgence*** valide dans l'ensemble de l'Union Européenne. |

**■ Transmettre les informations**

- Le numéro de téléphone (ou de la borne) à partir duquel l'appel est passé.
- La nature du problème : maladie, accident.
- La localisation la plus précise de l'événement. Sur autoroute, préciser son numéro, le sens de direction et le point kilométrique.

L'application SOS autoroute permet d'être géolocalisé.

**■ Répondre aux questions posées par les services de secours**

**■ Appliquer les consignes données.** La personne en ligne peut vous conseiller ou vous guider dans la réalisation des gestes à faire, ou à ne pas faire, jusqu'à l'arrivée des secours.

**■ Raccrocher uniquement lorsque l'opérateur le demande**

# L'ACCIDENT DE LA ROUTE

***Sur les lieux d'un accident, 2 possibilités existent :***

1. ***les secours ont déjà été organisés → il faut éviter de s'arrêter.***
2. ***l'accident vient de se produire → il faut absolument s'arrêter, protéger la zone, alerter les secours et porter assistance aux victimes.***

Ne pas porter secours, ou ne pas déclencher un secours, constitue un délit et est passible de sanctions graves pour non-assistance à personne en danger (peine de prison et lourde amende).

***Attention, le dégagement d'une victime doit rester exceptionnelle.***

**Évaluer le risque de suraccident**

Passage à niveau.
Risque de chute.
Fuite de carburant.
Camion-citerne transportant des matières dangereuses.
Chargement d'un poids lourd.

**Gestes à ne pas faire :**

- se précipiter, se mettre en danger inutilement,
- s'arrêter n'importe comment aux abords de l'accident.
- motard accidenté : seuls les secours peuvent retirer son casque.

## *Comment baliser une zone d'accident de la route ?*

**Sécuriser les lieux pour protéger les victimes et éviter des accidents en chaîne.**

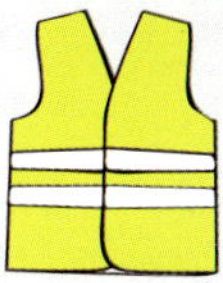

*Se Protéger*

*Protéger les lieux*

- *En vue de l'accident, allumer les feux de détresse et ralentir.*
- *Se garer après le lieu de l'accident là où il ne crée aucune gêne, ni pour l'arrivée des secours, ni pour les autres usagers.*
- *Enfiler le gilet de haute visibilité de jour comme de nuit. Baliser les lieux (feux de détresse allumés et triangles) dans les deux directions. Si je dispose de plusieurs gilets, l'idéal est qu'ils soient portés par les témoins ou passagers.*
- *Couper le contact des véhicules, si possible serrer le frein à main.*
- *Ne pas fumer et veiller à ce que personne ne fume.*
- *Mettre en sécurité les personnes descendues d'elles-mêmes derrière la glissière de sécurité s'il y en a une. Idem pour vos passagers si ces derniers ne vous aident pas.*

*Le triangle doit être placé à 30 mètres au moins de l'accident, au-delà si nécessaire (avant un virage ou un sommet de côte).*
*Attention, ne jamais tenter de placer un triangle sur la bande d'arrêt d'urgence. Trop dangereux pour vous et les autres.*

**Sur autoroute**

*S'arrêter sur la bande d'arrêt d'urgence, sortir du côté droit. Marcher toujours derrière la glissière de sécurité, jamais sur la chaussée.*

**Si vous êtes plusieurs à vous arrêter : organisez-vous !**

*Répartir les rôles sur la protection, l'alerte et l'assistance aux personnes blessées dans l'accident.*

# ALERTE ET PROTECTION DES POPULATIONS

## *Principes d'organisation*

**Le Système d'Alerte et d'Information des Populations (SAIP)**

Le **SAIP (Système d'Alerte et d'Information des Populations)** est un ensemble d'outils :

- sirènes,
- médias (Radio France, France Télévision),
- panneaux à messages variables, etc.

L'objectif du SAIP est d'avertir la population d'un danger imminent ou qu'un événement grave est en train de se produire.

**Le Signal National d'Alerte (SNA)**

Il est émis par des sirènes et il se compose de deux codes distincts.

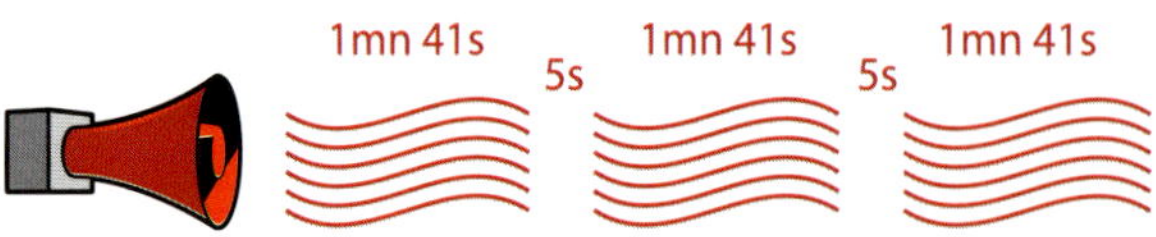


*Signal d'alerte : variation du signal sur 3 cycles successifs d'une durée de 1 mn 41 s.*

*Signal de fin d'alerte : le danger est écarté.*

Ce signal national d'alerte a volontairement ces caractéristiques pour qu'il ne soit pas confondu avec en particulier celui des sapeurs-pompiers beaucoup plus bref.

**Infos**

*Des essais se déroulent le premier mercredi de chaque mois, à midi. Le signal émis est une variation sur un cycle restreint de 30 secondes, pour ne pas être confondu avec le SNA.*

## *Comment réagir en cas de diffusion du signal d'alerte du SAIP ?*

1. **Se mettre en sécurité**, rejoindre sans délai un bâtiment.
2. **S'informer**, grâce aux médias et sites internet des autorités dès que leur consultation est possible.
3. **Respectez les consignes des autorités** : en fonction du type de risque, il peut être demandé de se confiner ou d'évacuer.

**Pour se confiner**

↓

- *Fermer les portes et fenêtres.*
- *Calfeutrer les portes, les fenêtres et les bouches d'aération.*
- *Arrêter les systèmes de ventilation ou de climatisation.*

**En cas d'évacuation**

↓

- *Emportez votre kit d'urgence préparé à l'avance.*

**Dans tous les cas**

↓

*Rester en sécurité et ne pas chercher ses enfants à l'école car ils y sont protégés par leurs enseignants.*

*Ne téléphoner qu'en cas d'urgence vitale pour laisser les réseaux disponibles pour les services de secours.*

## Hémorragie

**Une hémorragie est une perte de sang prolongée** qui provient d'une plaie ou d'un orifice naturel qui imbibe de sang un mouchoir de tissu ou de papier en quelques secondes et **qui ne s'arrête pas spontanément.**

Un saignement dû à une écorchure, une éraflure ou une abrasion cutanée, qui s'arrête spontanément n'est pas une hémorragie.

**J'identifie**

Constater l'hémorragie, si nécessaire en écartant les vêtements. L'hémorragie peut temporairement être masquée par la position de la victime ou un vêtement particulièrement absorbant (manteau, blouson...).

**J'agis**

1. Demander à la victime de comprimer immédiatement l'endroit qui saigne ou à défaut, le faire à sa place. Si possible, se protéger la main pour éviter la transmission de maladies infectieuses.
2. Allonger confortablement la victime, par exemple sur un lit, un canapé ou à défaut sur le sol.
3. Alerter les secours. L'alerte est réalisée par:
   - un témoin s'il est présent;
   - vous si la victime comprime elle-même la plaie.

**Infos**

*La perte abondante ou prolongée de sang conduit à une **détresse circulatoire** qui menace immédiatement ou à très court terme la vie de la victime (**arrêt cardiaque** par une diminution importante de la quantité de sang).*

### *Comment faire une compression ?*

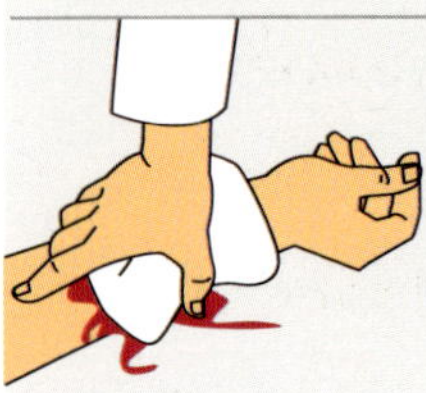

***Appuyer fortement sur l'endroit qui saigne avec les doigts ou la paume de la main, en mettant une épaisseur de tissu propre** recouvrant complètement la plaie (mouchoirs, torchons, vêtements...) et ce jusqu'à l'arrivée des secours.*

▲ *En l'absence de tissu, soit la victime est en capacité de comprimer l'endroit qui saigne directement avec sa main, soit elle ne peut le faire, et dans ce cas vous devez le faire.*

## Traumatisme

Les atteintes traumatiques sont des lésions des os (fractures), des articulations (entorses ou luxations), ou des organes (au niveau de la tête, du thorax ou de l'abdomen).

### J'identifie

Un traumatisme peut provoquer :
- une douleur vive,
- une impossibilité de bouger,
- un gonflement et/ou déformation.

Des signes secondaires peuvent se révéler : perte de connaissance, maux de tête persistants, vomissements, agitation, somnolence, douleur abdominale...
Lorsque le traumatisme se situe au niveau de la colonne vertébrale (douleur du dos ou de la nuque), une atteinte de la moelle épinière est possible.

### J'agis

1. Ne pas déplacer ni bouger la victime.
2. Alerter ou faire alerter les secours.
3. Respecter les recommandations données par les secours.
4. Surveiller la victime en lui parlant et en la réconfortant.
5. La protéger du froid, de la chaleur, des intempéries.

**Infos**

*Les risques, lors d'une atteinte traumatique, sont d'entraîner des complications neurologiques (paralysie, trouble de la conscience ou perte de connaissance), respiratoires (gêne ou détresse) ou circulatoires (détresse).*

# LES PREMIERS SECOURS

## *La perte de connaissance*

**Une personne a perdu connaissance lorsqu'elle ne répond pas, ne réagit pas mais respire.**

■ J'identifie

La victime **ne répond pas** aux questions, **reste immobile, et respire.**

■ J'agis

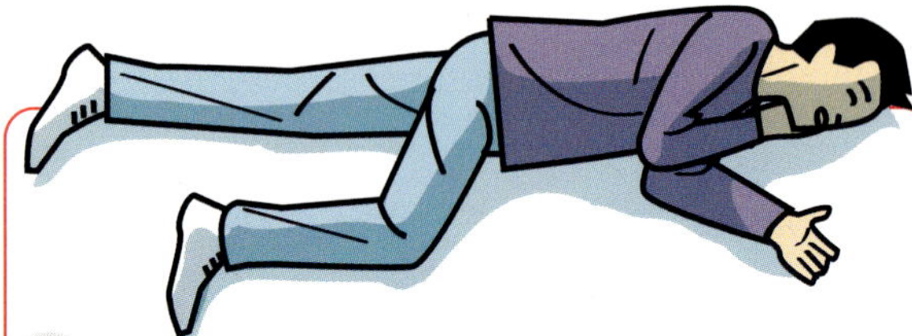

1. Demander de l'aide si vous êtes seul.
2. Placez là en position stable sur le côté (ou en position latérale de sécurité) pour maintenir libres les voies aériennes et faciliter l'écoulement des liquides présents dans la gorge.
3. Faire alerter ou alerter les secours.
4. Surveiller en permanence la respiration de la victime jusqu'à l'arrivée des secours.

### *Infos*

***Si la victime reste sur le dos,*** *elle est exposée à des difficultés respiratoires importantes* ***(risques d'arrêt respiratoire et d'arrêt cardiaque).*** *Sa vie est immédiatement en danger.*

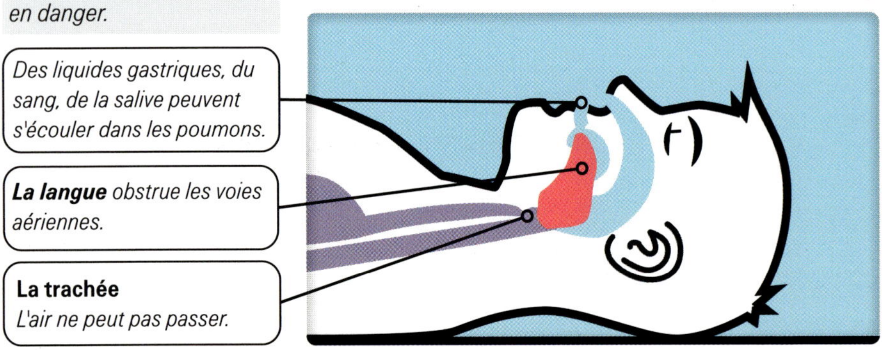


▲ *La respiration n'est possible que si les voies aériennes permettent le passage de l'air sans encombre.*

## Comment apprécier l'état de conscience de la victime ?

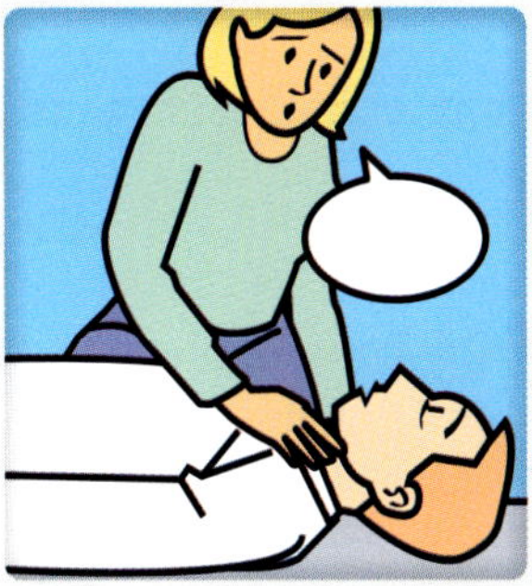

- *Poser des questions simples : « Comment ça va ? », « Vous m'entendez ? ».*
- *Remuer doucement les épaules.*
- *Lui prendre la main et demander d'exécuter un ordre simple : « Serrez-moi la main ».*

## Comment vérifier la respiration ?

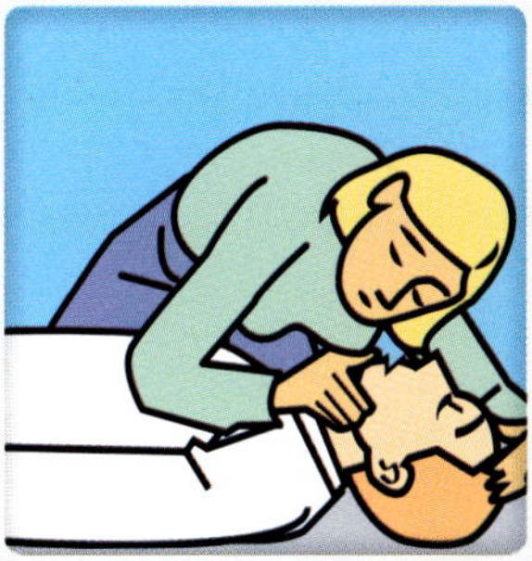

- *Allonger la victime sur le dos.*
- *Libérer les voies aériennes sans perdre de temps.*
- *Apprécier la respiration sur 10 secondes au plus.*
- *Maintenir la libération des voies aériennes.*
- ***Regarder si le ventre et la poitrine se soulèvent.***
- *Écouter d'éventuels sons provoqués par la respiration.*
- ***Sentir de l'air à l'expiration.***

*La victime a perdu connaissance lorsqu'elle ne répond pas, ne réagit pas mais respire.*

# LES PREMIERS SECOURS

## L'arrêt cardiaque

Une personne est en arrêt cardiaque lorsque ***son cœur ne fonctionne plus ou fonctionne d'une façon anarchique***, ne permettant plus d'assurer l'oxygénation du cerveau.

**J'identifie**

- La victime **ne répond pas** aux questions, **ne réagit pas.**
- **Elle ne respire pas** : aucun mouvement de la poitrine n'est visible et aucun bruit ou souffle n'est perçu.
- **Elle présente une respiration anormale** avec des mouvements respiratoires inefficaces, lents, irréguliers et bruyants.

**J'agis**

En l'absence de respiration, en présence d'une respiration anormale ou en cas de doute :

1. **ALERTER** : appeler immédiatement les secours de préférence avec son téléphone portable et le mettre sur haut-parleur.
2. **MASSER** : pratiquer une réanimation cardio-pulmonaire (RCP) précoce.
3. **DEFIBRILLER** : utiliser un défibrillateur automatique si possible.

**Infos**

*Au cours d'un arrêt cardiaque, les lésions du cerveau (consécutives au manque d'oxygène), surviennent dès la première minute. Si aucun geste de premiers secours n'est réalisé, la mort de la victime survient en quelques minutes.*

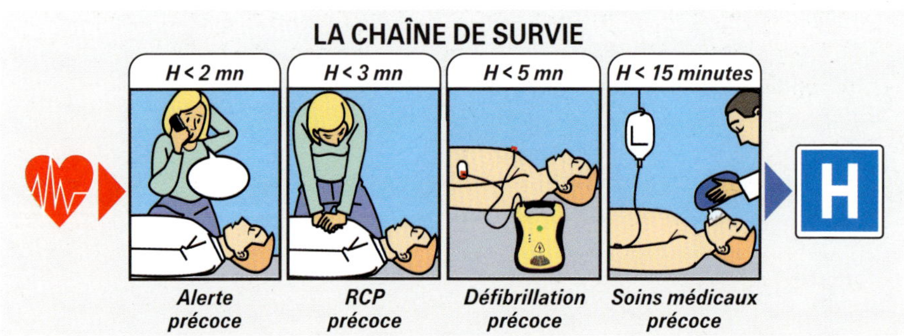


▲ *Chaque minute gagnée dans la mise en place d'une RCP efficace peut augmenter de 10 % les chances de survie de la victime.*

## *Comment pratiquer la Réanimation Cardio-Pulmonaire (RCP) ?*

*Le service de secours appelé pourra aider le sauveteur à la réalisation de la RCP, en donnant des instructions téléphoniques.*

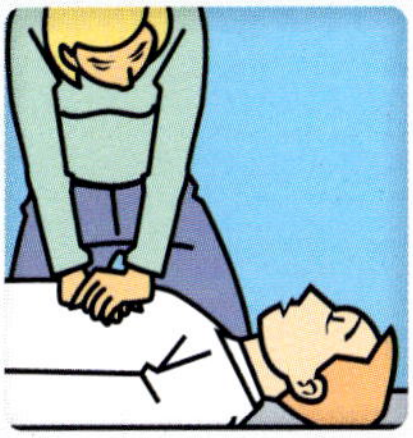

*30 compressions...*

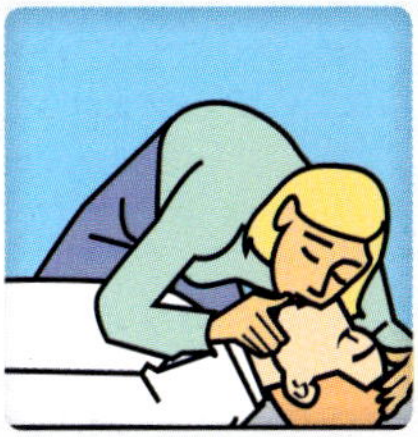

*...2 insufflations*

- *Répéter des cycles de 30 compressions thoraciques suivies de 2 insufflations.*

- *Si un DAE* est visible, le mettre en œuvre le plus tôt possible et suivre ses indications vocales en interrompant le massage cardiaque le moins possible.*
- *Poursuivre la RCP sans interruption jusqu'au relais par les services de secours.*

**Défibrillateur Automatisé Externe*

**Dans tous les cas...**

- *Si les insufflations ne peuvent pas être effectuées (répulsion, vomissements...) ou si vous ne vous sentez pas capable, vous devez réaliser uniquement les compressions thoraciques en continu à un rythme de 100 à 120 compressions/min.*
- *Si vous êtes plusieurs, relayer celui qui réalise les compressions thoraciques toutes les 2 minutes en interrompant le moins possible les compressions thoraciques.*

■ J'agis, j'utilise le défibrillateur

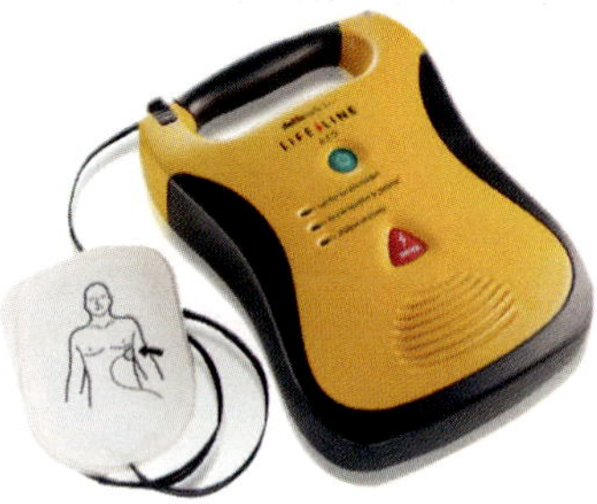

*Défibrillateur Automatisé Externe (DAE)*

Le Défibrillateur Automatisé Externe (DAE) est un appareil qui peut permettre de rétablir une activité cardiaque normale à une victime en arrêt cardiaque. Cette pratique est sûre et sans risque même si la victime respire anormalement ou si un doute subsiste sur sa respiration : l'appareil fait lui-même le diagnostic et délivre le choc si c'est nécessaire. Son utilisation n'est pas réservé aux professionnels et ne nécessite pas de formation adéquate.
Les consignes d'utilisation du DAE sont dictées étape par étape.

## Comment utiliser un défibrillateur ?

*Le DAE doit être utilisé en suivant toutes les indications de l'appareil (schéma, messages vocaux).*
*Ces indications précisent, dans un premier temps, de mettre en place les électrodes.*

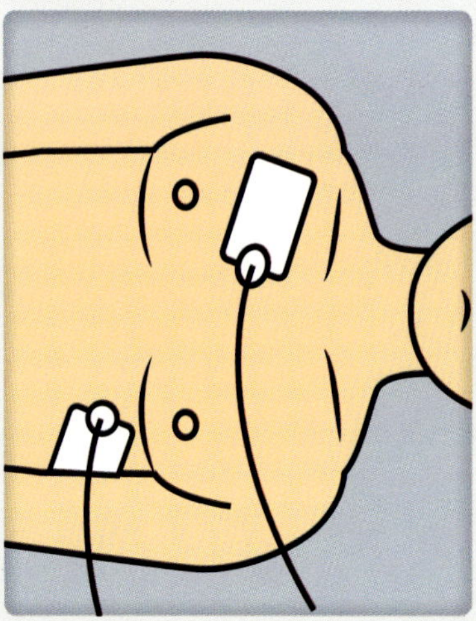

- *Enlever ou couper les vêtements recouvrant la poitrine de la victime, si nécessaire.*
- *Sécher le thorax de la victime s'il est humide.*
- *Déballer et appliquer les électrodes, sur la poitrine nue de la victime, dans la position indiquée sur le schéma figurant sur l'emballage ou sur les électrodes.*
- *Connecter les électrodes au défibrillateur (le cas échéant).*

## *Comment utiliser un défibrillateur ? (suite)*

**Si le défibrillateur annonce que le choc est nécessaire**

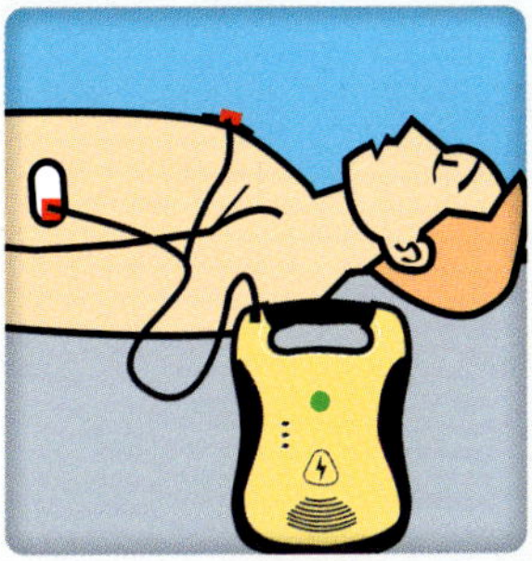

- *Demander aux personnes aux alentours de s'écarter.*
- *Laisser le DAE déclencher le choc électrique (défibrillateur entièrement automatique) ou appuyer sur le bouton « choc » lorsque l'appareil le demande (défibrillateur semi-automatique).*
- *Reprendre immédiatement les compressions thoraciques après la délivrance du choc.*

**Si le défibrillateur annonce que le choc n'est pas nécessaire**

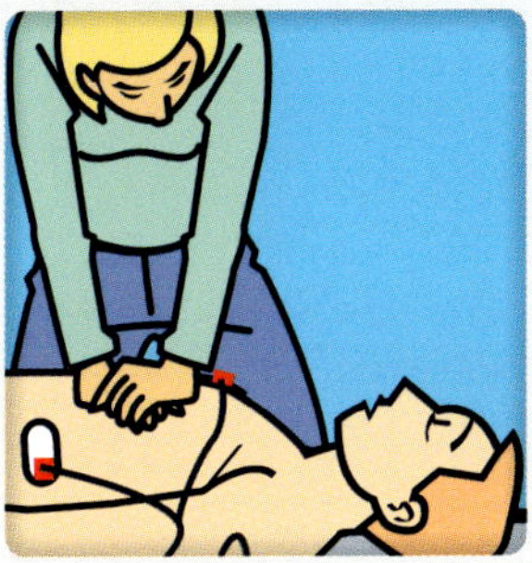

- *Reprendre immédiatement les compressions thoraciques.*
- *Ne pas retirer les électrodes avant l'arrivée des secours.*

RÉGLAGE SIÈGE ☒
RÉGLAGES RÉTROS ☒
CEINTURE ☒ VITRES PROPRES ☒...
OSCAR
CODES ROUSSEAU

# S'installer au poste de conduite

Une position de conduite correcte permet d'avoir une bonne visibilité, d'agir rapidement et sans fatigue. Ces réglages doivent être faits avant de partir.

## *Être à l'aise*

**■ Pas d'entraves aux mouvements**

Vêtements amples et souples. Conduire en tong ou avec des talons haut est déconseillé. Cela peut être dangereux pour la conduite.

## *Être bien assis*

**■ Siège**

Lorsque la position retenue est correcte, vérifier le verrouillage du siège.

- Régler la distance entre votre siège et les pédales : la jambe gauche doit être légèrement fléchie lorsque la pédale d'embrayage est enfoncée (la plante des pieds exerce la pression et non les orteils).
- Régler la hauteur du siège afin d'avoir une bonne visibilité en étant redressé. Régler l'inclinaison du dossier de manière à être droit.

**■ Volant**

Le tenir des deux mains avec souplesse, sans crispation, dans la position appelée 9 h 15 ou 10 h 10.

Vous devez pouvoir tourner le volant sans avoir les bras complètement tendus lorsque votre dos est au fond du siège. Pour cela, le réglage de la profondeur du volant est parfois nécessaire.

Le réglage de la hauteur sera parfois utile pour bien voir l'ensemble des indications sur le tableau de bord.

**■ Appuie-tête**

L'appuie-tête protège la tête en limitant son mouvement vers l'arrière au moment d'une collision (coup du lapin). La partie supérieure de l'appuie-tête doit se retrouver au moins à la même hauteur que le dessus de votre tête.

**■ Position des pieds**

- Pied droit, talon au sol face au frein. Il suffit de faire pivoter le pied pour utiliser alternativement le frein et l'accélérateur.
- Pied gauche, face à la pédale d'embrayage pour embrayer ou débrayer. Lorsqu'il n'est pas utilisé, il est placé en appui sur le passage de roue.

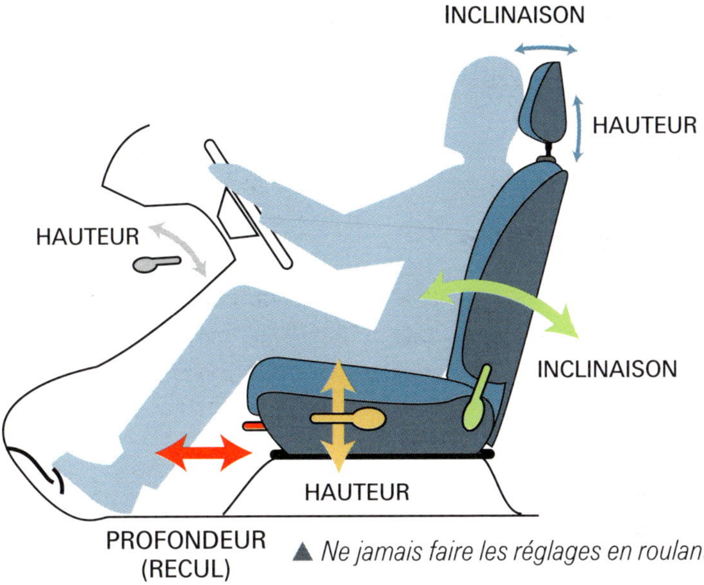


▲ *Ne jamais faire les réglages en roulant !*

*Une installation bras tendus est fatigante et dangereuse.*

*9h15 ou 10h10 :*
*cette position permet un meilleur confort (moins de fatigue) et de mieux maîtriser la trajectoire du véhicule en cas d'urgence.*

▲ *Danger airbag ! Ne jamais conduire avec les mains ou les pouces à l'intérieur du volant.*

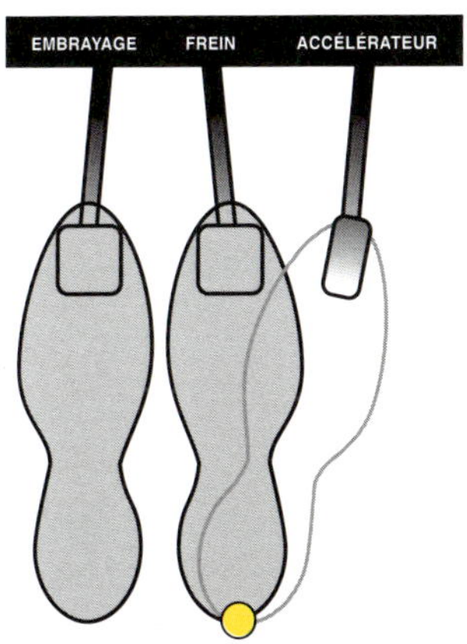

▲ *Boîte automatique :*
*- pas de pédale d'embrayage,*
*- utiliser uniquement le pied droit,*
*- ne pas freiner avec le pied gauche.*

## *Avoir une visibilité optimale*

**■ Rétroviseurs**
Un bon réglage permet de réduire au maximum les angles morts.

Régler les rétroviseurs en étant bien au fond du dossier. Même bien réglés, les rétroviseurs ne permettent pas de voir partout vers l'arrière.
Le rétroviseur intérieur a une position "nuit" qui permet de ne pas être ébloui. Il suffit de tirer la manette.
Le rétro peut être électrochrome c'est-à-dire que la lumière diffusée dans le miroir s'adapte automatiquement pour ne pas éblouir le conducteur.

## *Ajuster la ceinture*

**■ Ceinture**

L'éjection du véhicule augmente le risque de blessures graves et de décès.
En bouclant la ceinture, veiller à ce que la sangle soit bien à plat (non vrillée) et tendue, le plus près possible du corps.
Régler la ceinture en hauteur de façon à ce que la sangle passe bien au milieu de l'épaule et non sur le cou.
L'efficacité de la ceinture est diminuée si la ceinture est vrillée ou mal ajustée.

En cas de non-port de la ceinture de sécurité, le conducteur encourt une contravention de 4e classe.

▲ *Angle mort gauche : tourner la tête (menton au-dessus de l'épaule).*

▲ *Angle mort à droite : tourner la tête à droite.*

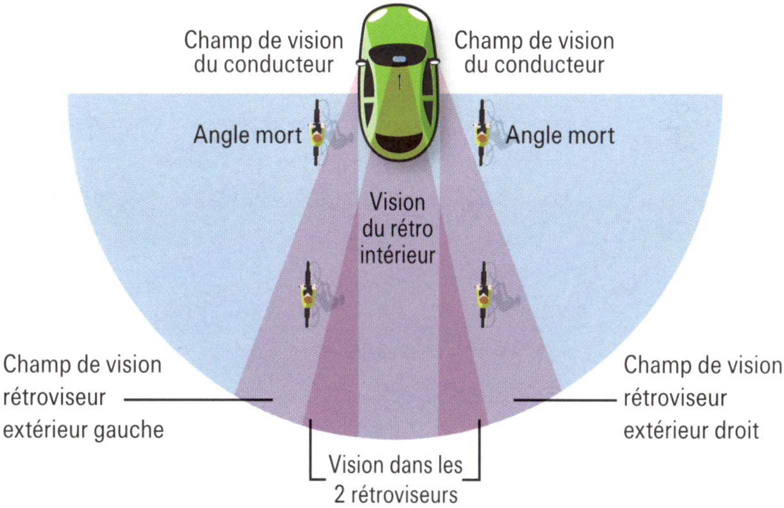


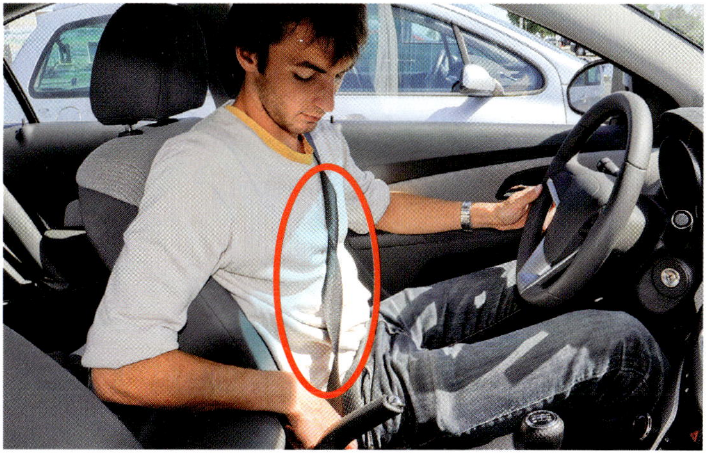

▲ *Une ceinture détendue n'est plus efficace. L'usage d'un clip ou d'une pince à linge, pour se sentir moins sanglé, est donc à proscrire.*

## *Avant de partir*

Quelques précautions, faciles à prendre avant de partir, améliorent la sécurité et évitent des problèmes.

**■ À l'approche de la voiture**

Avant de monter dans la voiture, un rapide coup d'œil permet de s'assurer :
- qu'aucun pneu n'est dégonflé,
- qu'il n'y a pas de trace de fuite sur le sol,
- que les plaques et les feux sont propres.

**■ Vérifications**

Monter dans le véhicule en faisant face à la circulation. Vérifier de temps à autre :
- la propreté des vitres et l'état des essuie-glaces,
- l'état de la carrosserie (bosselages nouveaux),
- l'état des pneus.

**Véhicule inhabituel**

Vérifier la présence à bord, du **gilet rétroréfléchissant** ainsi que du **triangle de présignalisation**.

Allumé, il ne reste que quelques litres.

Vérifier le **niveau de carburant**.
Choisir le carburant préconisé par le constructeur (indiqué sur le certificat d'immatriculation), rappelé généralement sur la trappe du réservoir (ce n'est pas toujours le cas). Diesel = Gazole

**■ Préparer son itinéraire**

Programmer si nécessaire le GPS sur votre destination avant de partir. Se laisser guider par les consignes sonores. Les coups d'œil sur l'écran doivent être brefs.

**■ Mise en marche du moteur**

Ce voyant reste allumé si la ceinture n'est pas attachée.

Avant de mettre le contact, vérifier que tous les passagers sont correctement installés et attachés. Vérifier qu'aucune vitesse n'est enclenchée, sinon mettre le point mort. Si la boîte de vitesses est automatique, pour mettre le moteur en route, il faut être sur la position P (parking).

▲ *Repérer les obstacles éventuels avant de manœuvrer pour partir à l'avant, à l'arrière et sur les côtés.*

▲ *L'hiver, passez la raclette sur toutes les surfaces vitrées. Enlevez la neige sur l'ensemble des sufaces vitrées et même sur le toit!*

▲ *Véhicule inhabituel: s'installer et repérer les différentes commandes*

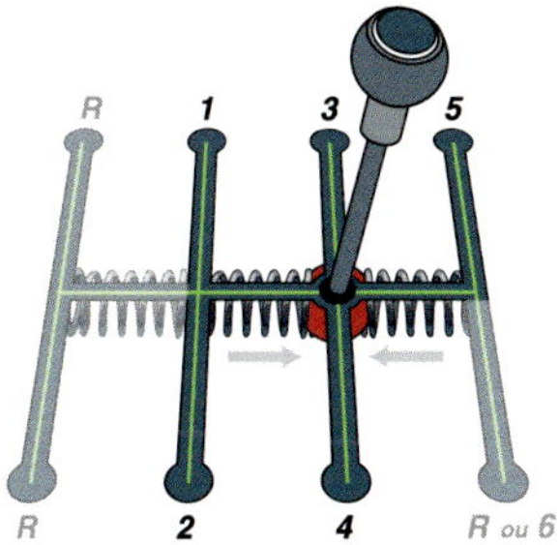


▲ *Boîte manuelle*
*Au point mort, le moteur peut tourner sans entraîner les roues.*

▲ *Boîte automatique*
*Les changements entre les positions P, R, N et D doivent se faire à l'arrêt, pied sur le frein. Attention, sur D (Drive) le véhicule avance dès qu'on relâche le frein.*

## *Précautions avant de quitter la voiture*

■ **Immobilisation du véhicule**
Sur une boîte automatique, mettre le levier sur P (comme Parking) avant d'enlever le pied du frein et serrer le frein à main.

Après avoir garé le véhicule dans un endroit autorisé et non dangereux, s'assurer que l'antivol de direction est bloqué et que le frein à main est serré. Arrêter le moteur (clé de contact ou bouton start and stop), mettre au point mort et serrer le frein à main (même sur terrain plat).

■ **Vérifications**

- Avant d'ouvrir la portière, vérifier que vous n'allez pas gêner un usager (véhicule qui passe ou vélo qui circule sur la bande cyclable). Passer la consigne aux passagers surtout si vous stationnez du côté gauche dans une rue à sens unique.
- Pour mettre l'antivol en service, il suffit de retirer la clé du contact et de tourner le volant jusqu'à ce qu'il se bloque. Pour le libérer on tourne légèrement le volant afin qu'il ne soit pas en butée ni d'un côté ni de l'autre. Tourner la clé de contact.
- Faites descendre les enfants du côté du trottoir. Il est conseillé de quitter le véhicule en faisant face à la circulation.
- Ne pas laisser de documents importants ou d'objets visibles (GPS avec son support et cordon s'il est amovible, smartphone,...).
- Fermer le véhicule à clé à l'aide de la télécommande. Attention, le verrouillage centralisé se fait si les portes ou le coffre sont bien fermés. Si la télécommande ne fonctionne plus, fermer les portes avec la clé.

■ **Bébés:** ne jamais les laisser enfermés seuls dans un véhicule.

Les systèmes de verrouillage automatique des portières et des vitres ont des effets pervers:
enfermé à l'intérieur d'un véhicule, un petit enfant ne peut absolument pas baisser une vitre ni ouvrir une portière.
Très vite, il peut se déshydrater et/ou étouffer.

*Pour stationner dans une rue à forte pente, il est conseillé de tourner un peu les roues vers le trottoir. Enclenchez une vitesse et n'oubliez pas le frein à main !*

Il est interdit de stationner plus de 7 jours consécutifs au même endroit.

Une réglementation locale peut imposer une durée inférieure.

*Cette commande active ou désactive le frein de parking.*

*Avant d'ouvrir la portière, assurez-vous qu'il n'y a pas de danger.*
*Ouvrir la portière de préférence avec la main droite permet de se retourner et de voir en vision directe derrière soi (contrôle de l'angle mort).*

*Été comme hiver !*
*Ne jamais laisser des enfants en bas âge enfermés seuls dans la voiture.*

# VOYANT ORANGE : AIDE-MÉMOIRE
# VOYANT ROUGE : PROBLÈME URGENT

# La mécanique et les équipements

M

## *Vue d'ensemble*

**Le châssis**

Il est le squelette de la voiture. Il porte tous les organes du véhicule. Il est prévu pour se déformer à certains endroits et résister à d'autres afin de protéger les occupants de l'habitacle en cas de choc.

**Le moteur**

Il fournit l'énergie nécessaire pour avancer. Il est commandé par la pédale d'accélérateur.

**La transmission**

Elle assure la liaison entre le moteur et les roues. L'embrayage permet de séparer ponctuellement le moteur du reste de la transmission, ce qui permet de manipuler le levier de vitesses.

**La boîte de vitesses**

Elle permet de se servir de la puissance du moteur et de l'adapter à la demande.

**Les roues**

Les roues motrices sont:
- à l'avant pour les "tractions",
- à l'arrière pour les "propulsions",
- à l'avant et à l'arrière pour les "4x4".

**La suspension**

Elle a pour rôle de maintenir les pneus en contact avec le sol, et d'assurer la stabilité du véhicule, en particulier dans les virages et au freinage.

**Les pneus**

La marque, les dimensions, les indices de vitesse et de charge figurent sur le flanc des pneus.

**Les freins**
À disque: des plaquettes pincent le disque.

Tout véhicule comporte un frein principal commandé par une pédale C agissant sur les 4 roues et d'un frein de parcage (frein à main).

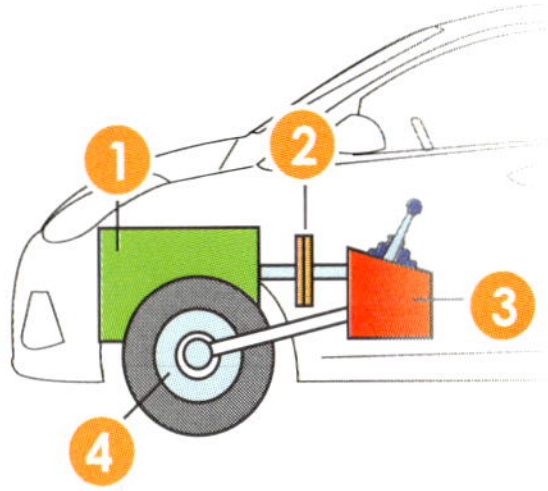


◀ Le moteur ① entraîne au moins 2 roues ④ de la voiture.

Entre le moteur et les roues, il y a la boîte de vitesses ③ qui peut être manuelle ou automatique.

Si la boîte de vitesses est manuelle, il y a un embrayage ② qui permet de séparer le moteur et les roues motrices pour changer les vitesses.

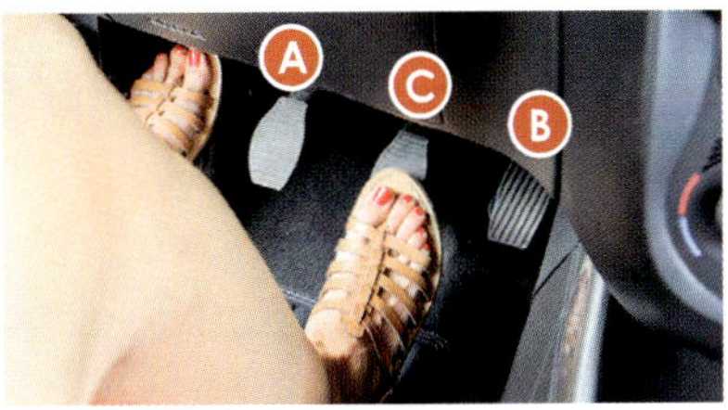


▲ Ⓐ L'embrayage est commandé par la pédale de gauche, avec le pied gauche.

Ⓑ La pédale d'accélérateur permet de doser la vitesse.

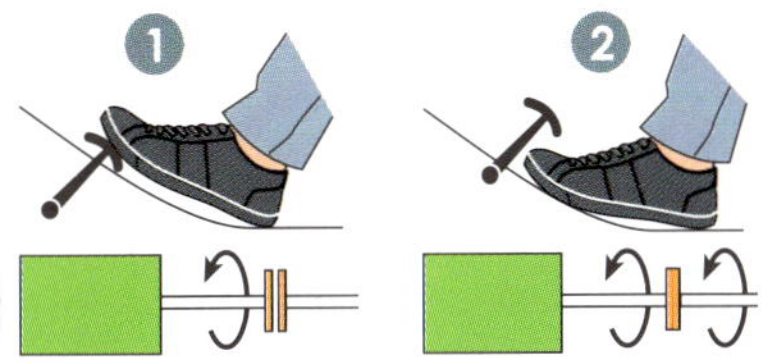


▲ ① Position débrayée : les roues ne sont pas entraînées.

② Position embrayée : les roues sont entraînées.

▶ Le levier de vitesses permet de changer de rapport et pour cela il faut débrayer.

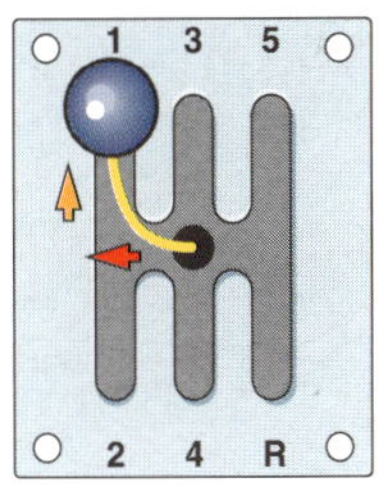


1re et 2e vitesses : faible allure, puissance élevée.
4e à 6e vitesse : vive allure, puissance réduite.

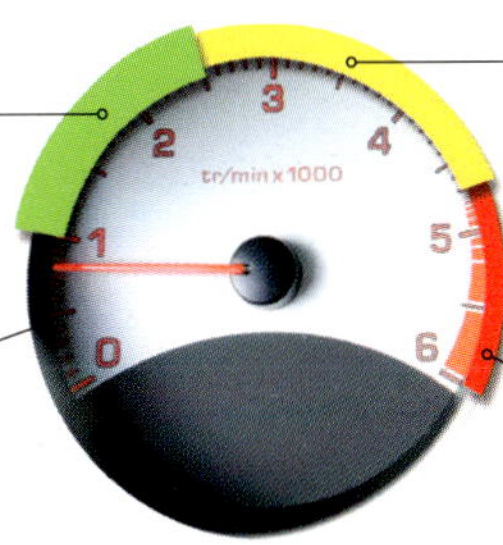


▲ Compte-tours

## *Le tableau de bord*

**Les compteurs**

L'affichage digital multifonctions est de plus en plus répandu.

**L'indicateur de vitesse** permet de vérifier l'allure.
**Le compte-tours** indique le régime du moteur.
**Le compteur kilométrique** enregistre le nombre de kilomètres parcourus depuis sa mise en circulation. Des totaliseurs partiels pouvant être remis à zéro permettent de calculer le coût par kilomètre.

**Les commandes**

Il est indispensable de savoir trouver rapidement les principales sans quitter la route des yeux.

Commande du klaxon

Commande des essuie-glaces et lave-glaces

Commande de la ventilation

Ventilation vers le pare-brise

Ventilation vers le haut de l'habitacle

Fermeture centralisée

Signal de détresse

Elles ne sont pas toutes situées aux mêmes endroits. Cela varie selon les modèles et marques de véhicules.

**Dispositif antivol**

Pour le mettre en service, il suffit de retirer la clé de contact et de tourner le volant jusqu'à ce qu'il se bloque.

**Les voyants**

Pour les identifier, reportez-vous à la notice d'utilisation du véhicule. Tous les véhicules n'ont pas le même nombre de voyants.

| Voyants verts ou bleus | Voyants rouges | Voyants orange |
|---|---|---|
| = | = | = |
| **feux allumés** | **problème urgent** | **aide-mémoire** |

**Le contacteur démarreur**

Les clés ou "cartes" servent de moins en moins à démarrer le moteur. Sur les véhicules récents, on met le moteur en marche, en appuyant sur un bouton et en débrayant ou en freinant simultanément (suivant les marques).

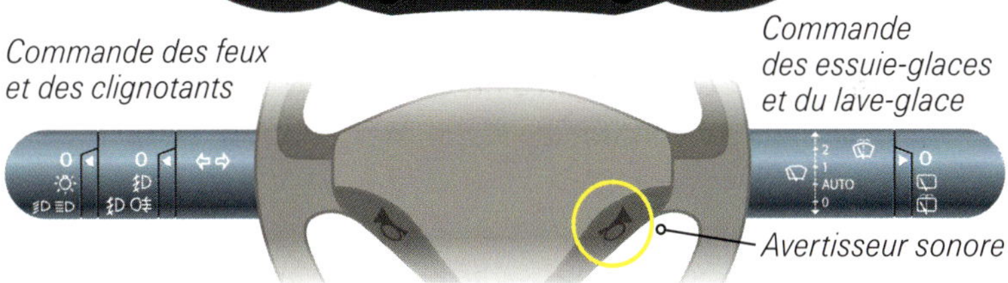


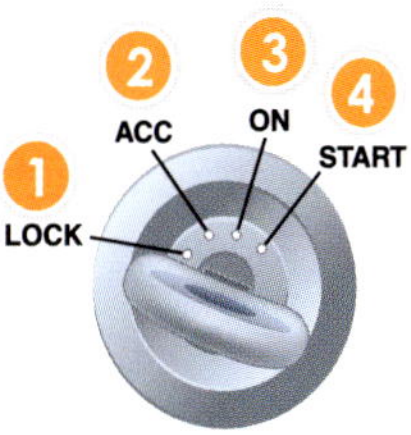


1 - *Déverrouillage de l'antivol volant en tournant simultanément la clé et le volant.*

2 - *"Accessoires" permet d'écouter la radio par exemple.*

3 - *"Contact" les voyants d'alerte s'allument avant la mise en route du moteur. Sur certains véhicules Diesel, attendre dans cette position l'extinction du voyant de préchauffage du moteur.*

4 - *Mise en marche du moteur. Lâcher la clé dès que le moteur tourne.*

◀ *Allumage du contact : appuyer deux fois sur le bouton sans appuyer sur la pédale d'embrayage.*
*Les voyants d'alerte s'allument.*

## *L'éclairage*

Dispositifs d'éclairage et de signalisation pour voir et être vu.

**À l'avant**
- 2 feux de route : portée de 100 m mini.
- 2 feux de croisement : portée de 30 m mini.
- 2 feux de position : visibles à 150 m mini.

- Facultatifs :
  - 2 feux diurnes : ils permettent de mettre en évidence le véhicule de jour,
  - 2 feux de brouillard.
- Les faisceaux des feux de croisement éclairent plus loin à droite qu'à gauche pour ne pas éblouir les autres usagers.

**À l'arrière**
- 2 feux de position rouges : visibles à 150 m.
- 3 feux STOP rouges.
- 2 catadioptres rouges.
- 1 ou 2 feux de marche arrière.
- 1 ou 2 feux de brouillard.

- Feux STOP : ils s'allument lorsqu'on appuie sur la pédale de freins.
  Toutes les voitures récentes ont un 3e feu STOP.
- Feux de marche arrière (de recul) : ils s'allument quand on passe la marche arrière (lumière blanche).
- Feu(x) de brouillard arrière : quand il n'y en a qu'un, il est placé à gauche.

**Des capteurs pour plus de sécurité**

- Baisse de luminosité : allumage automatique des feux de croisement ;
- Début de pluie : activation des essuie-glaces ;

Dès qu'il y a une dégradation de la visibilité, la technologie prend le relais !

**Les feux adaptatifs** tournent leurs faisceaux en fonction de la position du volant pour éclairer la trajectoire que le véhicule va suivre.
- Des capteurs d'angle surveillent l'angle du volant pour éclairer la trajectoire que le véhicule va suivre.
- Des capteurs de niveau permettent l'inclinaison vers le haut ou vers le bas des feux pour corriger l'inclinaison détectée du véhicule.

**Des ampoules LED**

Pour des durées de vie plus longues que les autres types d'ampoules.

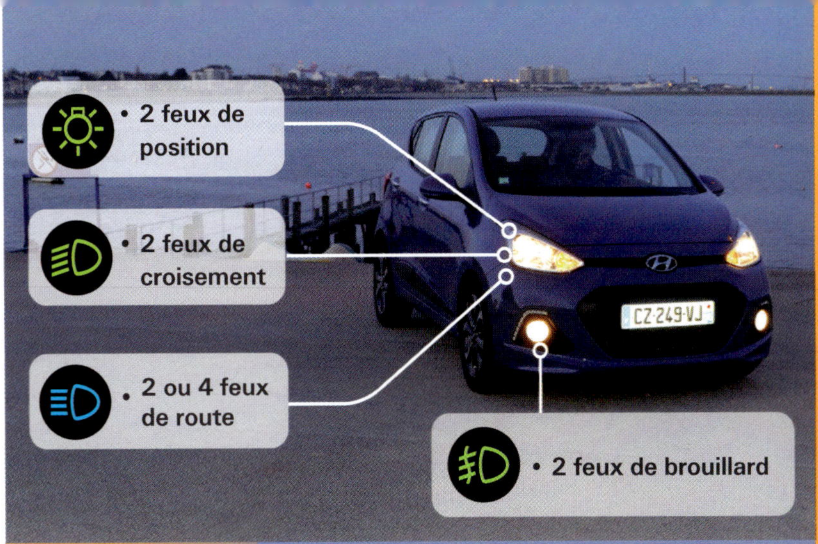


**Feux avant**

Traits du côté gauche : feux avant

Traits obliques : feux non éblouissants

Traits droits : feux éblouissants

**Feux arrière**

Traits du côté droit : feux arrière

Trait ondulé : la vague symbolise le brouillard.

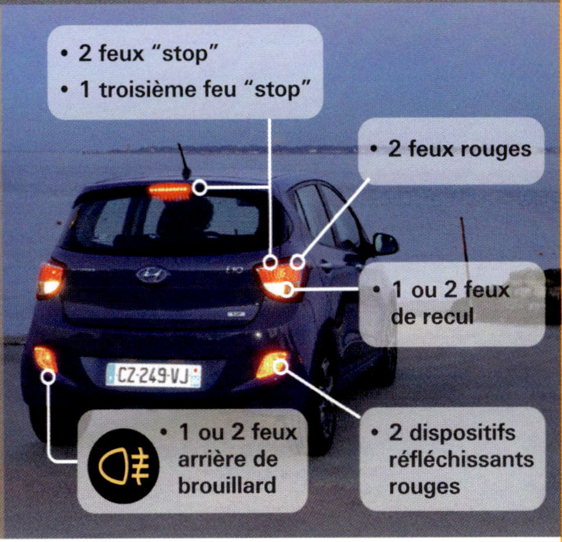

▲ *Les feux diurnes.*

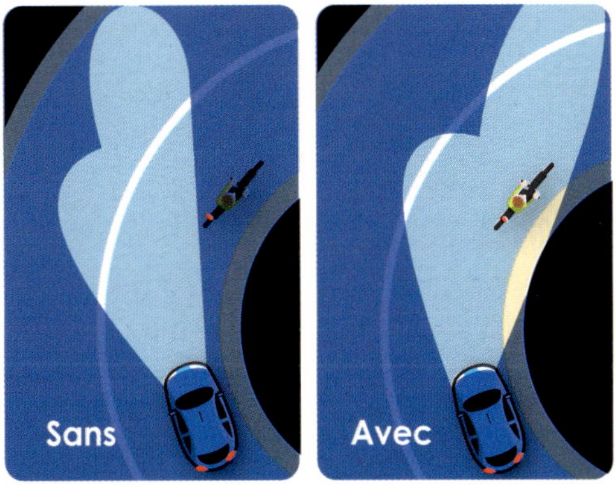


▲ *Les feux d'angle.*

## *Les visites techniques*

**Résultat du contrôle**
**A** = résultat favorable.
La date limite de validité est indiquée sur la vignette.
**S** = résultat défavorable pour défaillances majeures (ex: ampoule feu de route).
**R** = résultat défavorable pour défaillances critiques.

La 1re visite doit avoir lieu dans les 6 mois qui précèdent le 4e anniversaire d'une voiture neuve.
Le renouvellement doit être effectué tous les 2 ans et avant toute vente de la voiture si le dernier contrôle date de plus de 6 mois. Un résultat défavorable entraîne toujours l'obligation de confirmer la remise en état lors d'une contre-visite sous 2 mois.

**Les révisions du constructeur**

Généralement tous les 20000 km. Véritable check-up du véhicule avec la vidange, le remplacement des filtres (à huile, à air, à gasoil). Consulter la notice pour connaître la périodicité.

## *La surveillance du conducteur*

**Autour du véhicule, contrôler:**
- l'état
- la propreté
- le fonctionnement.

Feux avant et arrière: bloc optique non cassé...
Rétroviseurs
Pare-brise: pas de fissure ou d'impact...
Essuie-glaces: changer les balais d'essuie-glaces s'ils présentent des craquelures ou s'ils laissent des traces sur le pare-brise.

**Tableau de bord**

Vérifier l'allumage des voyants d'alerte lors de la mise en marche du contact. Diagnostiquer la panne si un voyant s'allume en roulant.

**Côté moteur, vérifier les niveaux**

Effectuer les contrôles sur sol plat, moteur arrêté depuis quelques minutes.

1

▲ ***Lave-glace:*** *à remplir régulièrement avec du liquide antigel.*

2

▲ ***Huile:*** *niveau près du repère maxi.*

3

▲ ***Les freins:*** *niveau près du repère maxi. Une baisse est probablement due à une fuite..*

4

▲ ***Liquide de refroidissement:*** *niveau près du repère maxi. Déconseillé de le remplacer avec de l'eau.*

▼ *Lorsqu'un voyant s'allume en roulant :*

| | |
|---|---|
| Arrêt immédiat. | La pression d'huile est insuffisante.<br>Il y a risque de surchauffe et de casse moteur.<br>Faites-vous dépanner ! |
| Arrêt immédiat. | Le moteur n'est plus refroidi si vous continuez c'est la casse moteur.<br>La courroie est peut-être cassée ; la pompe à eau est défectueuse ; un joint de culasse a rendu l'âme. |
| Le moteur se met en sécurité. | Autodiagnostic : défaut du système d'allumage, d'injection ou du système de dépollution. |
| Arrêt immédiat. | Baisse de pression du circuit de freinage ou un niveau de liquide de freins trop faible. Risque de perte d'efficacité du freinage. |
| Usure des plaquettes de frein. | À changer au plus vite. |
| La batterie ne charge plus. | L'alternateur est défaillant. Possibilité de rouler jusqu'au prochain garage.<br>Batterie à plat : brancher une 2$^{e}$ batterie en parallèle (les + ensemble et les - ensemble) ou la remplacer.<br>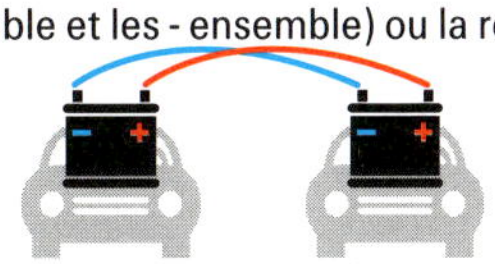 |
| Se diriger vers une station essence. | Alerte de carburant au minimum.<br>Possibilité de parcourir plusieurs dizaines de kilomètres avant la panne sèche. |
| Vérifier la pression. | Système de surveillance de la pression des pneus.<br>Un pneu est dégonflé ou crevé. |
| Ampoule grillée. | Fréquence rapide du clignotant droit ou gauche.<br>Le clignotant droit ou gauche à l'avant ou à l'arrière ne fonctionne plus. |

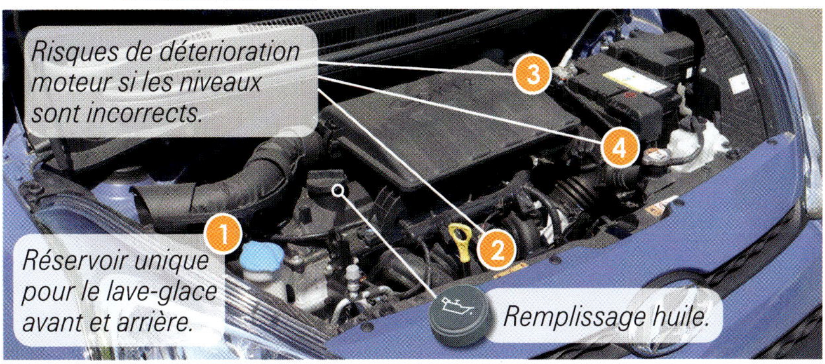

## *Les pneus*

Les rainures de la bande de roulement servent principalement à améliorer l'adhérence sur sol mouillé.

■ **1,6 mm**
C'est la profondeur réglementaire minimale des rainures principales.
L'usure des pneus doit être uniforme : la différence d'usure admise entre deux pneumatiques d'un même essieu doit être inférieure à 5 mm.

Des indicateurs d'usure sont disposés dans le fond des rainures principales.
Quand la gomme atteint ces indicateurs, il reste 1,6 mm de profondeur : il faut changer les pneus.
Une usure irrégulière signifie que les pneus ne sont pas gonflés correctement ou qu'un défaut de parallélisme existe.
Des vibrations gênantes se font parfois sentir dans le volant. Le véhicule a tendance à dévier.

■ **État des flancs**
**C'est la partie la plus fragile du pneu.**

Vérifiez l'état des flancs particulièrement après avoir heurté un trottoir. En cas de boursouflure (hernie) ou de déchirure, il faut changer le pneu même s'il n'est pas usé, car le risque d'éclatement est important.

■ **La pression**
Contrôlez la pression une fois par mois. N'oubliez pas la roue de secours. Cette vérification s'effectue de préférence à froid, c'est-à-dire en ayant parcouru moins de 3 km.

Des pneus sous-gonflés s'usent plus vite ; il y a risque d'éclatement ; la consommation de carburant est plus élevée.

Augmentez cette pression de 0,3 bar si le véhicule est chargé, en cas de long trajet et sur autoroute.

■ **En cas de crevaison**
Si la roue de secours est une "galette" respectez la vitesse maximale préconisée : 80 km/h.

La roue de secours n'est pas obligatoire mais il est dangereux de circuler avec des pneus en mauvais état. Selon les modèles de voitures, le cric est sous le capot ou dans le coffre. Un adaptateur est parfois nécessaire pour desserrer les écrous antivol de roue. La roue "galette" permet de rejoindre un garage. À défaut de roue de secours, une bombe anticrevaison permet de réparer provisoirement le pneu.

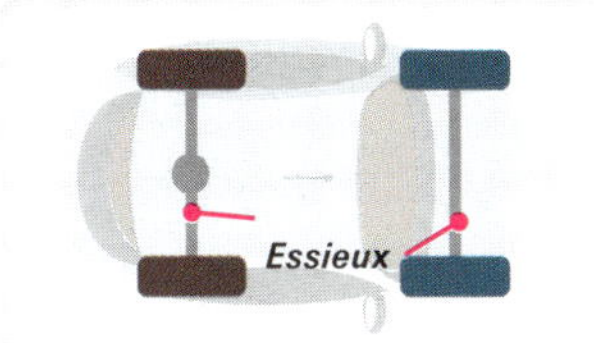


▲ Monter des pneus de marques, types et caractéristiques identiques sur le même essieu.

▲ Le conducteur peut être alerté d'une pression insuffisante par un témoin d'alerte situé sur le tableau de bord.

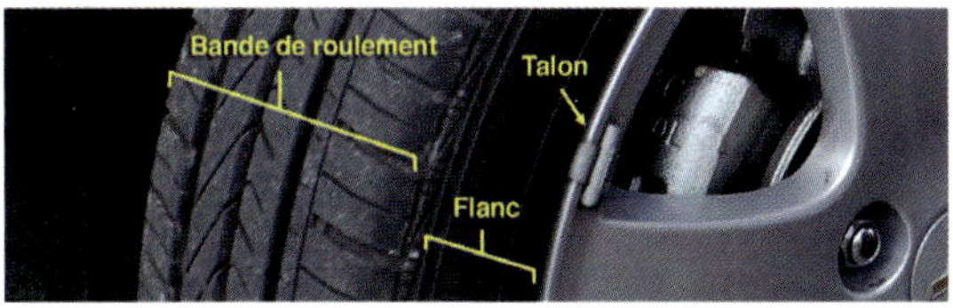


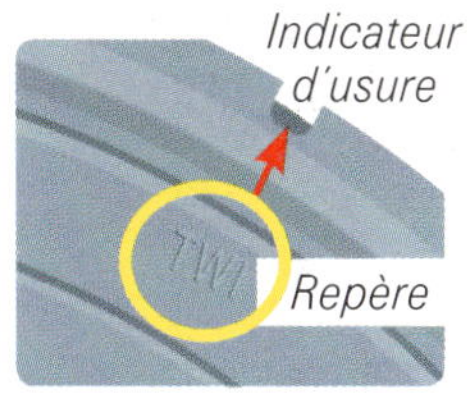


Les indicateurs d'usure sont repérés sur le flanc du pneu par un symbole.

▲ Pneus chauds : augmenter la pression de 0,3 bar.

| | AV | AR |
|---|---|---|
| | 2,2 bars | 2,0 bars |
| | 2,4 bars | 2,2 bars |

▲ Pressions préconisées par le constructeur (notice ou portière du conducteur ou trappe d'essence).

▲ 1 - desserrer les écrous sans les enlever.

▲ 2 - monter la voiture avec le cric et retirer les écrous puis la roue.

▲ 3 - positionner la roue de secours et remettre les écrous.

▲ 4 - déposer le véhicule au sol et resserrer à fond les écrous.

# En résumé

## DESCRIPTION

**Un châssis**: le squelette du véhicule.
**Un moteur**: essence, gaz, gazole, GPL, électricité.
**Une transmission**: assure la liaison entre le moteur et les roues.
**Embrayer**: lâcher la pédale: le moteur entraîne les roues.
**Débrayer**: enfoncer la pédale à fond: le moteur tourne dans le vide.
**Boîte de vitesses au point mort**: le moteur tourne dans le vide.
**Pneumatique**: profondeur minimum des rainures: 1,6 mm (témoins d'usure).
Structure: carcasse du pneu
Sculptures: dessins
**Suspension**: ressort + amortisseur.

## MÉCANIQUE

Il est vital de ne pas négliger les éléments mécaniques liés à la sécurité, le freinage et la tenue de route en particulier. Jeter un coup d'œil aux voyants rouges qui s'affichent au tableau de bord et qui doivent s'éteindre quand tout va bien.

- **Les voyants**:

> **rouge**: dysfonctionnement : arrêt impératif et immédiat.
> **jaune**: indication importante mais non urgente.
> **vert**: fonctionnement des feux
> **bleu**: fonctionnement des feux de route.

## ENTRETIEN

**Moteur**: niveaux: huile moteur, liquide de refroidissement, liquide de freins, lave-glace.
**Pneus**: 0,3 bar en plus pour rouler chargé ou sur autoroute.

## CONTRÔLE TECHNIQUE

Dans les 6 mois qui précèdent le 4e anniversaire de la voiture.
À renouveler tous les 2 ans et avant toute vente de la voiture.
Depuis le 20 mai 2018, le contrôle technique est harmonisé au niveau européen. Les défaillances sont classées en 3 niveaux de gravité : **A.S.R.**

Un procès verbal indique si le véhicule doit ou non subir une contre-visite.
Une vignette est apposée sur le pare-brise, indiquant la date limite de validitée.

**A : favorable**
Les défaillances mineures sont détaillées.
Validité du contrôle : 2 ans.

**S : défavorable**
Au moins une défaillance majeure.
Validité du contrôle : 2 mois.

**R : défavorable**
Au moins une défaillance critique.
Validité du contrôle : limitée au jour du contrôle.

Un résultat défavorable entraîne toujours l'obligation de confirmer la remise en état du véhicule lors d'une contre-visite.
Le délai pour réaliser cette contre-visite est de 2 mois.

## ÉCLAIRAGE

### FEUX DE POSITION

Visibles à 150 m.

### FEUX DE CROISEMENT

Éclairent à 30 m au moins sans éblouir.
Lumière rabattue vers le sol.

Les feux de croisement sont asymétriques.
Le feu du côté droit éclaire plus à droite qu'à gauche.

### FEUX DE ROUTE

Éclairent à 100 m au moins.

### FEUX DE BROUILLARD AVANT

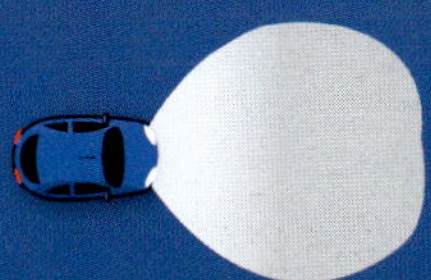

Lumière très étalée
Non éblouissants par temps de brouillard, chute de neige ou forte pluie.
Très éblouissants par temps clair.

| Signaler le véhicule | Éclairer la route | Signaler ou éclairer | Indiquer une action |
|---|---|---|---|
|  feux de position |  feux de route |  feux de croisement |  clignotants |
|  feu(x) de brouillard arrière |  feu(x) de brouillard avant | |  feu(x) de détresse feux stop |

Les systèmes réfléchissants servent surtout quand le véhicule est arrêté.

Dispositifs réfléchissants : visibles à 100 m minimum.
Éclairage de plaque : numéro lisible à 20 m.

LA PREMIÈRE
DES PROTECTIONS, C'EST LA CEINTURE !

# La sécurité du passager et du véhicule

## La ceinture

■ **Rôle de la ceinture**

Le port de la ceinture de sécurité est respecté à 98 % à l'avant et à 80 % à l'arrière. Mais le petit nombre d'usagers qui ne portent pas la ceinture est surreprésenté parmi les victimes d'accident.

La ceinture limite les blessures en évitant l'éjection et les chocs contre l'habitacle. Elle augmente les chances de rester conscient et de pouvoir s'extraire rapidement du véhicule si nécessaire.

■ **Conducteur et passagers doivent être attachés**

Chaque passager d'un véhicule doit occuper seul une place équipée d'une ceinture de sécurité.

**Dispense = Certificat médical obligatoire.**

Certaines dispenses sont possibles mais non recommandées pour la sécurité... Il peut s'agir de personnes dont la taille est manifestement inadaptée ou pour raison médicale.

■ **Dispositifs intégrés**

Les pré-tensionneurs bloquent plus tôt et plus fermement le corps pendant le choc. Leur déclenchement provoque une détonation et une fumée sans danger.

Les limiteurs d'effort réduisent le pic de la pression exercée sur le thorax lors du choc.

■ **Appuie-têtes**

Conducteur et passagers doivent régler leur appuie-tête.

## Coussins gonflables (airbags)

■ Même lorsque le véhicule en est équipé, le port de la ceinture est obligatoire.

L'airbag est un amortisseur de choc. Il en existe des frontaux et parfois des latéraux. Il faut veiller à ce qu'il n'y ait aucun objet entre l'airbag et l'occupant qu'il protège.

### Sans ceinture

| Vitesse d'impact | Conséquences |
|---|---|
| 25 km/h | Blessures graves |
| 50 km/h | Mort |
| 100 km/h | Mort |

### Avec ceinture

| Vitesse d'impact | Conséquences |
|---|---|
| 25 km/h | Indemne |
| 50 km/h | Indemne |
| 100 km/h | Blessures graves |

Le conducteur et les passagers adultes qui ne portent pas leur ceinture s'exposent chacun à une amende forfaitaire de 135 €.

Le conducteur non attaché encourt quant à lui, un retrait de 3 points sur le permis.

**Un passager ne met pas sa ceinture.**
**Comment réagissez-vous ?**

- Lui demander de boucler sa ceinture ______ ☐

ou

- ne rien lui dire ______ ☐

▲ *1 place = 1 personne = 1 ceinture même pour le passager du milieu.*

▲ *Appuie-tête bien réglé.*

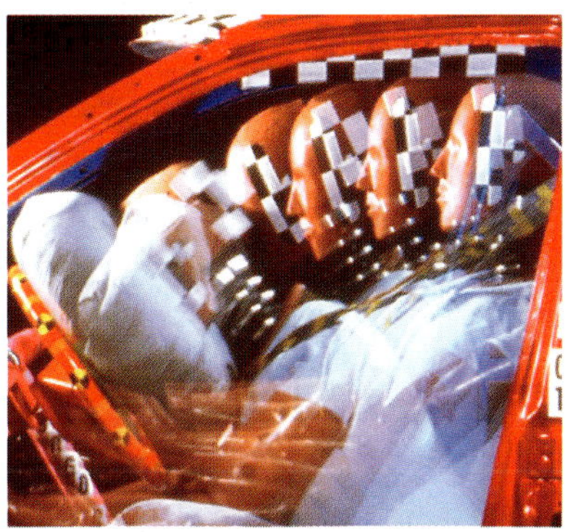

▲ *L'airbag empêche le contact entre la tête et le volant ou le tableau de bord.*

# L'installation sécurisée des enfants

Le conducteur est responsable des passagers de moins de 18 ans. Il doit s'assurer qu'ils sont maintenus attachés au moyen d'un système homologué ou avec une ceinture de sécurité.

## *Sièges homologués*

■ Ils doivent être installés sur une place équipée de ceinture, adaptée à l'âge, à la morphologie, et au poids de l'enfant.
Moins de 135 cm, un siège homologué est obligatoire.

| | | | |
|---|---|---|---|
| ***Porte bébé dos à la route**** (norme i-size jusqu'à 15 mois) | Naissance à 1 an | 0 - 13 kg | 40 - 85 cm |
| ***Siège homologué*** (baquet, harnais, réceptacle) | De 9 mois à 4 ans | 9 - 18 kg | 80 - 135 cm |
| ***Siège rehausseur*** (à l'arrière avec la ceinture ou harnais) | De 3 ans à 12 ans | 15 - 36 kg | 100 - 150 cm |

* Peut être installé à l'avant ou sur les sièges arrière..

■ Le système Isofix

ISOFIX

Isofix est un système de fixation de siège auto normalisé au niveau international. Il est la manière la plus simple, la plus rapide et la plus sûre d'installer correctement un siège auto pour enfant, sans faire appel aux ceintures de sécurité.

■ La ceinture ne doit pas passer sur son cou.

Un enfant de moins de 10 ans assis à l'arrière n'est pas obligé d'utiliser un siège homologué si sa taille est adaptée au port de la ceinture de sécurité.

**Attention,** désactiver l'airbag passager avant en cas d'usage d'un siège bébé "dos à la route". Ce voyant s'allume au tableau de bord pour rappeler que l'airbag est désactivé.

## *Le système de sécurité enfant*

■ Sécurité enfants
≠
Verrouillage centralisé

Sur chaque portière arrière, il est possible de sécuriser l'ouverture arrière uniquement depuis l'extérieur.
Attention, la fermeture centralisée des portes ne fait pas sécurité enfant car elle verrouille les portes pour l'extérieur mais pas de l'intérieur.

▲ *Siège fixé et harnais attaché.*

Le conducteur doit s'assurer que chacun de ses passagers mineurs est bien retenu par un dispositif adéquat.

Sinon le conducteur encourt une amende de 135 € pour chaque jeune non attaché ou attaché de façon incorrecte.

▲ *Sur le siège avant, pour placer un siège bébé (dos à la route), il est obligatoire de désactiver l'airbag côté passager.*

**Siège dos à la route**

▲ *Introduisez la clé de contact dans la commande située près de la portière passager avant et tournez-la en position OFF pour désactiver l'airbag.*

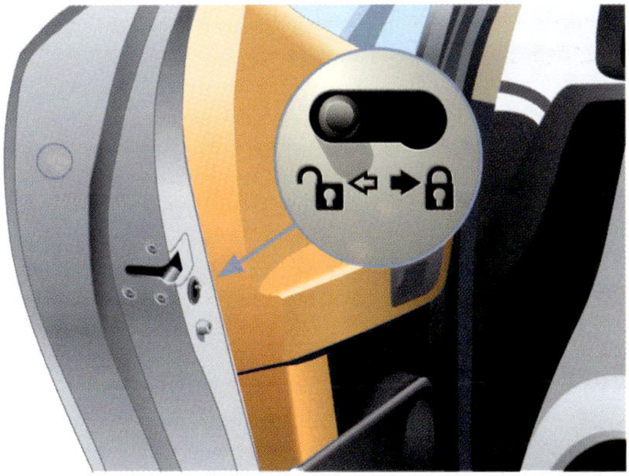

◀ *Déplacez le levier de chaque portière située à l'arrière du véhicule. Ainsi, l'ouverture ne peut se faire que de l'extérieur. Inutile d'activer la sécurité enfant pour transporter un adulte.*

▲ *Pour éviter qu'un enfant ne sorte par lui-même.*

## *Aides au freinage*

Ils n'ont pas pour fonction de raccourcir les distances de freinage.

**■ ABS**

Ce système permet d'éviter le blocage des roues lors d'un freinage d'urgence surtout quand les conditions d'adhérence sont mauvaises.

ABS ou ABR : système antiblocage de roues.
L'ABS permet de freiner dans l'urgence sans doser la pression sur la pédale.
L'ABS permet de continuer à diriger le véhicule en freinant, même dans l'urgence.
Mais l'ABS ne diminue pas les distances de freinage.

**■ AFU**

Assistance au Freinage d'Urgence.

Il détecte l'urgence d'après la vitesse d'enfoncement de la pédale et amplifie au maximum le freinage à la limite du blocage.
Ce système est obligatoirement combiné à l'ABS.
Lorsqu'il se déclenche, les feux de détresse s'allument automatiquement.

## *Aides à la tenue de route*

**■ ESP**

**Electronic Stability Program**

En cas d'amorce de glissade, l'ESP ramène la voiture sur la bonne trajectoire.

L'ESP détecte la perte d'adhérence et répartit automatiquement le freinage sur chacune des roues pour compenser le dérapage. L'ESP peut être désactivé notamment pour démarrer sur une route enneigée.

**■ ASR, ASC, EDS...**

Ce sont des antipatinages.

En utilisant les capteurs électroniques de l'ABS et de l'ESP, un antipatinage évite aux roues motrices de patiner en accélération.

Toutes ces aides technologiques apportent une marge de sécurité supplémentaire. Si vous utilisez cet avantage pour rouler plus vite, vous perdez la marge de sécurité et en cas de problème, vous risquez un accident plus grave dû à la vitesse plus élevée.

▲ *En cas d'urgence, appuyer à fond sur la pédale de frein et maintenir cette pression. Quand il fonctionne, l'ABS provoque un bruit et une vibration dans la pédale de frein.*

▲ *Lorsque l'ESP entre en action c'est que le conducteur n'a pas su adapter sa vitesse à l'état de la route.*

▲ *Même avec l'ESP, au-delà d'une certaine vitesse, la voiture dérape.*

## *Aides à la conduite*

S'ils sont utiles pour la sécurité, ils ne permettent pas au conducteur de relâcher sa vigilance.

**■ Régulateur de vitesse**
Permet de garder une allure constante.

Au moindre freinage, il est désactivé, le conducteur reprend les commandes.
Le nouveau régulateur adaptatif calcule la vitesse en fonction de la distance de sécurité.
Il est parfait pour l'autoroute.

**■ Limiteur de vitesse**
Permet de circuler jusqu'à une vitesse déterminée par le conducteur.

Dès que la vitesse limite - déterminée par le conducteur - est atteinte, le dispositif entre en action pour empêcher le véhicule de dépasser la vitesse.
Il est plus adapté à la conduite en ville.

**■ Radar de recul**

Le radar de recul détecte les obstacles par un système d'ultrasons. Une alarme avertit le conducteur en cas d'obstacle détecté. La caméra de recul permet de voir réellement ce qu'il y a derrière le véhicule.

**■ Avertisseur d'angle mort.**

Ce système affiche un **témoin jaune** dans le rétroviseur extérieur.

**■ Aide au passage des vitesses**

Un voyant sur le tableau de bord indique le bon moment du changement de rapport.

**■ Système embarqué de téléphonie mobile**

Avec la technologie Bluetooth un conducteur peut avoir une conversation téléphonique sans tenir un appareil en main et sans avoir un écouteur à l'oreille. C'est la seule solution pour téléphoner en conduisant.

**■ Le GPS : sonore et visuel**
Paramétrer sa destination avant de partir. Privilégier le guidage vocal pendant la conduite.

S'il est amovible, le placer hors du champ de vision du conducteur (en bas à gauche ou à droite).
Il guide le conducteur tout au long du trajet, l'avertit des difficultés de circulation et lui rappelle les vitesses autorisées. Ne pas quitter la route des yeux plus d'une seconde.

*Le régulateur peut entraîner à la longue une perte de vigilance. Gardez toujours les pieds proche des pédales pour pouvoir intervenir rapidement si nécessaire.*

*Le régulateur ne doit pas être utilisé quand la circulation est dense, ni lorsque la route est glissante (risque d'aquaplaning).*

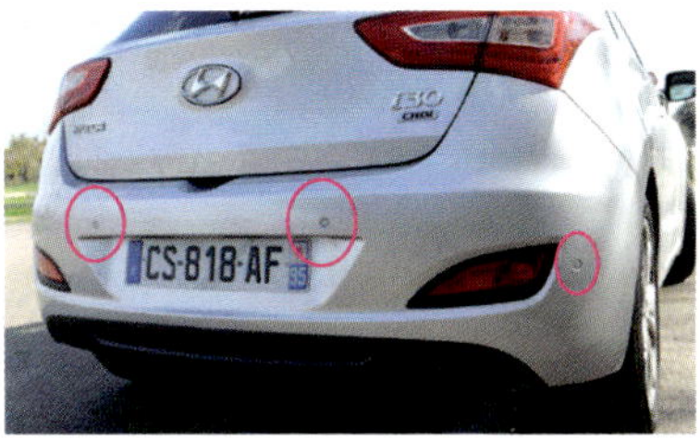

▲ *Même équipé d'un radar ou d'une caméra de recul, il est indispensable pour le conducteur d'effectuer des vérifications en vision directe (en se retournant) et en regardant dans les rétroviseurs.*

◀ ***Assistance active au stationnement (Park assist )*** *Des capteurs ultrasoniques déterminent la pertinence de l'espace de stationnement. Les manœuvres se font automatiquement. Le système permet également de quitter facilement la place de stationnement grâce à sa fonction intégrée « EXIT MODE » (mode sortie).*

◀ ***Alerte de franchissement de ligne***
*Une caméra située en haut du pare-brise repère les marquages au sol. Le système alerte le conducteur en cas d'éventuels écarts de trajectoire causés par l'inattention du conducteur.*

◀ ***Assistance active au maintien de voie***
*Alerte le conducteur et corrige la trajectoire en cas de changement de voie non intentionnel.*

PROTÉGEONS
NOTRE PLANÈTE !
COVOITURAGE
AUTO-PARTAGE
ECO-CONDUITE
PARKING RELAIS...

E

# Choisir l'écomobilité

Un mode de transport propre et adapté à son déplacement.

Pour réduire le bruit et la pollution due aux émissions de gaz carbonique. Le $CO_2$ contribue au réchauffement climatique par augmentation de l'effet de serre.

## *En se déplaçant*

• à pied, à roller, trottinette, à vélo, en transport en commun

*Écomobilité*

Pour les faibles distances, il est préférable de se déplacer à pied. Le vélo est un moyen de transport plus rapide que la voiture pour se déplacer en ville sur des distances allant jusqu'à 6 km. Certaines villes proposent le prêt de vélos (même électriques !) via les parcs relais moyennant une somme modique voire la gratuité. Beaucoup de ces véhicules circulent sur site propre permettant plus de ponctualité et de rapidité.

## *En utilisant les modes alternatifs*

**Le covoiturage**
Réduit les coûts de déplacement, la pollution et les embouteillages.

Cela consiste à partager ses trajets quotidiens (travail, université...), ou occasionnels (vacances, festivals...) pour limiter les frais et de ne pas être tout seul dans une voiture.

**L'autopartage**
Réduit l'encombrement des villes, la pollution.

C'est un système permettant d'utiliser en libre-service des voitures garées dans différents parkings de la ville. C'est une bonne alternative si la question de l'achat d'un véhicule se pose. C'est aussi moins de stress pour se garer, pas d'entretien ni d'assurance à payer.

## *En pratiquant l'intermodalité*

**Parking relais**
Réduit l'encombrement des villes, la pollution.

C'est-à-dire en utilisant plusieurs types de transport lors d'un même déplacement. Les vastes parkings aménagés à l'entrée des villes assurent des liaisons vers le centre des villes via des réseaux de transport en commun.

# FAVORISER L'ÉCOMOBILITÉ EN UTILISANT :

## LE COVOITURAGE

Le conducteur définit au préalable le prix, la date et l'horaire du trajet. Les passagers souhaitant covoiturer avec lui le contactent via le site internet, par mail ou téléphone.

Lieu aménagé pour la pratique du covoiturage

▲ *De nombreux sites internet permettant de mettre en relation conducteurs et passagers.*

## L'AUTOPARTAGE

Pour ce service, l'usager paye une inscription, un abonnement mensuel et un prix d'utilisation en fonction du kilométrage et du temps de réservation. Les réservations peuvent se faire par internet 24h/24 et 7J/7.

Station d'autopartage

▲ *Il suffit d'aller chercher le véhicule adapté à ses besoins dans un parking dédié à l'autopartage et de l'y redéposer à n'importe quelle place réservée à l'autopartage.*

*Il existe également* ***l'autopartage entre particuliers****.*
*Ce service permet à des particuliers, via internet, de proposer leur voiture à la location ou de louer la voiture d'un autre particulier.*
*Une assurance spécifique couvre la voiture, le temps de la location.*

## LE PARKING RELAIS

En général, le stationnement est gratuit ou alors il en coûte le prix d'un ticket de bus ou de tram. Moins cher qu'un parking payant en centre-ville !

Parc relais

## *Un achat éco-responsable*

■ Choisir le véhicule en fonction :
- du type de déplacement le plus fréquent,
- du nombre de personnes à transporter,
- consommant peu,
- disposant d'équipements facilitant les économies de carburant.

L'étiquette énergie : elle est affichée sur les voitures neuves dans tous les lieux de vente. Le consommateur peut ainsi comparer les consommations de carburant et les émissions de dioxyde de carbone de chaque véhicule.
Il s'agit principalement de $CO_2$ (dioxyde de carbone) qui est le principal gaz à effet de serre responsable du changement climatique.

Le bonus écologique : incitation efficace qui permet de rendre plus attractives les voitures sobres et peu émettrices de gaz à effet de serre.

■ **Véhicules électriques**
Ils n'émettent aucun polluant ni aucun gaz à effet de serre.

L'offre des constructeurs est encore restreinte.
L'autonomie reste encore très limitée.
Plutôt réservés à un usage urbain.

■ **Véhicules hybrides**

Une solution mixte très intéressante qui permet de profiter des avantages de la motorisation électrique tout en limitant ses inconvénients.

■ **Boîte auto ?**
**Boîte manuelle ?**

Les nouvelles boîtes automatiques ne consomment pas beaucoup plus que les boîtes manuelles et moins qu'une boîte manuelle mal utilisée.

■ **Choix des pneus**
Une étiquette pour choisir ses pneus selon 3 critères.

*La consommation de carburant*

*La sécurité (adhérence sur sol mouillé)*

*Le bruit de roulement (niveau sonore)*

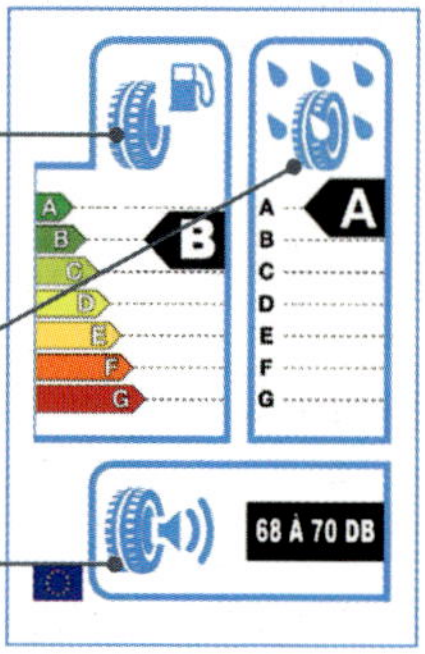

◀ ***Le stop and start:*** *le moteur se met en veille dès l'arrêt (feu rouge, embouteillage). Le moteur repart quand le conducteur relâche la pédale de frein ou débraye. Cette technologie permet d'économiser environ 10 à 15 % de la consommation.*

◀ ***Le régulateur de vitesse:*** *cette aide à la conduite est également très intéressante pour l'éco-conduite car rend la conduite plus uniforme et limite les phases alternatives d'accélération et de freinage.*

◀ ***Le compte-tours:*** *la surveillance du compte-tours permet d'utiliser le moteur dans les plages de fonctionnement les moins "énergivores".*

◀ ***L'ordinateur de bord*** *permet de vérifier en permanence si la conduite est économique.*

◀ ***Le GPS:*** *le conducteur évite ainsi les erreurs de trajets et les bouchons, ce qui signifie moins de consommation, moins de pollution.*

◀ ***Les pneus verts*** *ou basse consommation offrent moins de résistance au roulement ce qui diminue la consommation.*

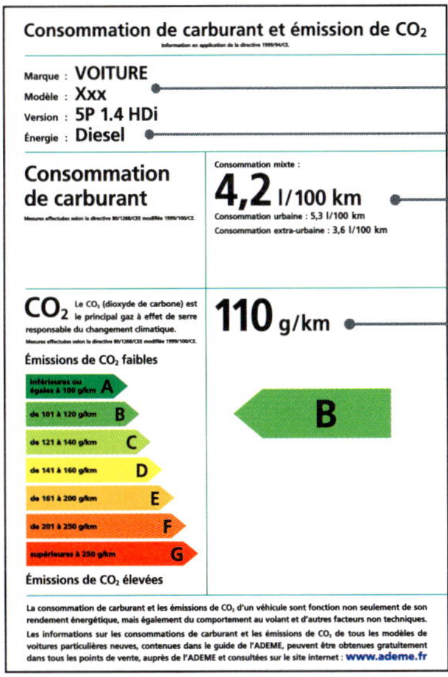


*Type de véhicule*

*Carburant*

*Consommation aux 100 km*

*Rejets de $CO_2$/km parcouru*

▲ ***Etiquette énergie :***
*permet de comparer les consommations et les rejets de $CO_2$.*

*En achetant une voiture de catégorie A ou B, le conducteur fera ainsi des économies sur sa consommation tout en rejetant moins de $CO_2$ dans l'atmosphère.*

## *L'éco-conduite*

L'éco-conduite réduit la consommation, la pollution, le bruit, le risque d'accident et permet de faire des économies.
Articulez votre comportement autour de :

**■ L'organisation**

Éviter de prendre la voiture pour des déplacements inférieurs à 2 km.
Réserver la voiture pour des trajets longs et nécessaires. Grouper les rendez-vous pour optimiser les déplacements
Utiliser une voiture adaptée au trajet. Mutualiser les transports pour le travail, les loisirs...
S'informer des conditions de circulation pour choisir son heure de départ, son parcours pour éviter les embouteillages.

**■ La conduite**

Adopter un mode de conduite économique contribue à réduire la consommation de carburant, l'émission de gaz à effet de serre et le risque d'accidents. Couper le moteur si l'arrêt dure au moins 20 secondes.

**■ Le véhicule**

Le chargement a une influence directe sur la consommation.Démonter les coffres de toit, les barres ou autre galerie, s'ils ne sont plus utiles.
Un véhicule mal entretenu consomme plus et pollue plus. Contrôler la pression des pneus, changer les filtres à air et à carburant.

**■ Les accessoires**

Penser à éteindre tout ce qui est inutile (feux, climatisation, radio...) car ces accessoires nécessitent de l'énergie, donc du carburant.
En ville, il est plus économique de baisser les vitres plutôt que de s'enfermer avec la climatisation.
Les aides à la conduite : l'ordinateur de bord, le limiteur et régulateur de vitesse, pneus verts...

*Les aides à la conduite*

**Retenez ces 10 principes :**

1. *Appuyez franchement sur l'accélérateur, changez de vitesse rapidement pour être au plus vite à allure stable.*
2. *Changez de vitesse dès 2 000 tr/mn pour une voiture diesel et 2 500 tr/mn pour une voiture essence.*
3. *Maintenez une vitesse stable.*
4. *Circulez sur le rapport de vitesse le plus élevé.*
5. *Conduisez souplement et évitez les départs, les arrêts et les accélérations inutiles.*
6. *Ralentissez progressivement et lâchez à temps l'accélérateur.*
7. *Maintenez les distances de sécurité.*
8. *Anticipez pour ne pas subir la circulation.*
9. *Réduisez la vitesse.*
10. *Utilisez correctement le véhicule :*
    - *ne faites pas chauffer le moteur à l'arrêt,*
    - *à froid, roulez en douceur sur les 2 premiers kilomètres,*
    - *coupez le moteur en cas d'arrêt d'au-moins 20 s (embouteillage).*

***La vignette CRIT'AIR*** *- Elle n'est pas obligatoire, mais incontournable pour circuler dans les zones à circulation restreintes (Z.C.R.) et pas seulement en cas d'alerte pollution. Les Z.C.R. sont des zones environnementales fixes dont les règles sont appliquées de manière constante. Elles sont généralement mises en place dans les centres-villes afin d'exclure les véhicules les plus anciens et les plus polluants de la circulation.*

▲ *La classification des vignettes se fait en fonction de l'âge du véhicule et de l'énergie utilisée.*

▲ *Entrée de zone de circulation restreinte*

*Associée au panneau d'entrée, un panonceau précise les catégories de véhicules dérogatoires.*

▲ *Sortie de zone de circulation restreinte*

***En cas de pic de pollution,*** la circulation peut être alternée ou différenciée.
**Alternée :** selon le numéro d'immatriculation (pair ou impair)
**Différenciée :** selon la catégorie de la vignette crit'air, obligatoire pour circuler en cas de pic de pollution.

# En résumé

## ÉCO-CONDUITE

**L'éco-conduite réduit la consommation, la pollution, le bruit, le risque d'accident et permet de faire des économies.**

• **Le véhicule**

Choisir son véhicule en tenant compte du prix d'achat, du coût à l'entretien et de sa classe énergétique.

• **Entretien**

À faire régulièrement.

• **La conduite**

> Une conduite souple et une vitesse adaptée diminuent la consommation de carburant.
> Changez les vitesses à 2 000 tr/mn pour un diesel et à 2 500 tr/mn pour une essence ou GPL.
> Réduisez votre vitesse.
> Respectez les distances de sécurité.
> Anticipez.
> Conduisez souplement.

• **La climatisation**

À utiliser raisonnablement.

• **Le chargement**

Démonter les coffres ou les barres de toit inutiles.

## CHOISIR L'ÉCOMOBILITÉ

**Pour réduire le bruit et la pollution due aux émissions de gaz carbonique.**
**Le $CO_2$ contribue au réchauffement climatique par augmentation de l'effet de serre.**

• **En se déplaçant :**

> à pied,
> à vélo,
> à rollers, trottinette,
> en transport en commun (Métro-tramway-Bus).

• **En utilisant les modes alternatifs**

> Le covoiturage réduit les coûts de déplacement, la pollution et les embouteillages,
> L'autopartage réduit l'encombrement des villes, la pollution.

• **En pratiquant l'intermodalité**

Le parking relais réduit l'encombrement des villes, la pollution.

## D



## E

## Sanctions

*Il est possible de connaître à tout moment le solde des points du permis de conduire via une connexion à un site spécialement dédié et sécurisé : http://www.telepoints.info*

| | Classe | Nature de l'infraction | Amende | Suspension de permis | Retrait de points | Divers |
|---|---|---|---|---|---|---|
| Documents | 1re | Non-présentation : permis, certificat d'immatriculation | 11 € | Aucune | Aucun | |
| Documents | Délit | Conduite malgré un permis suspendu | Maxi 4 500 € | 3 ans | 6 | Tribunal |
| Documents | Délit | Usage d'un permis faux ou falsifié | Maxi 75 000 € | Sans objet | Sans objet | Confiscation obligatoire du véhicule |
| Documents | 4e | Non-présentation des papiers dans les 5 jours | 135 € | Aucune | Aucun | |
| Documents | Délit | Vente de points | Maxi 15 000 € | 3 ans | 6 | Tribunal |
| Installation | 4e | Transport d'occupants en surnombre dans un véhicule | 135 € | Aucune | 3 | |
| Installation | 4e | Non-port de la ceinture de sécurité | 135 € | Aucune | 3 | Amende : chaque occupant non attaché |
| Installation | 4e | Passagers (-18 ans) non attachés | 135 € | Aucune | Aucun | Le conducteur est responsable |
| Installation | 4e | Enfant de - de 10 ans en place avant | 135 € | Aucune | Aucun | |
| Installation | 4e | Téléphone tenu en main en conduisant | 135 € | Possible * | 3 | * si couplée à une autre infraction |
| Installation | 4e | Utilisation à l'oreille de tout dispositif émettant du son | 135 € | Aucune | 3 | écouteurs, oreillettes, casque interdits |
| État physique | 4e | Alcool (novices) (0,20 à 0,79 g/l) | 135 € | 3 ans | 6 | idem conducteurs en situation d'apprentissage |
| État physique | 4e | Alcool (0,50 à 0,79 g/l) | 135 € | 3 ans | 6 | |
| État physique | Délit | Drogues et Alcool (à partir de 0,80 g/l) | Maxi 4 500 € | 3 ans | 6 | Tribunal |
| Stationnement | 4e | Arrêt ou stationnement sur emplacement handicapé | 135 € | Aucune | Aucun | Fourrière possible |
| Stationnement | 2e | Arrêt ou stationnement gênant | 35 € | Aucune | Aucun | Fourrière possible |
| Stationnement | 4e | Arrêt ou stationnement très gênant | 135 € | Aucune | Aucun | Fourrière possible |
| Stationnement | 4e | Arrêt ou stationnement dangereux | 135 € | 3 ans maxi | 3 | Fourrière possible |

| | Classe | Nature de l'infraction | Amende | Suspension de permis | Retrait de points | Divers |
|---|---|---|---|---|---|---|
| Vitesse | 3e | Dépassement de 1 à 19 km/h au-dessus du maximum autorisé quand la vitesse est supérieure à 50 km/h | 68 € | Aucune | 1 | |
| Vitesse | 4e | Dépassement de 1 à 19 km/h au-dessus du maximum autorisé quand la vitesse est limitée à 50 km/h | 135 € | Aucune | 1 | |
| Vitesse | 4e | Dépassement de 20 à 29 km/h au-dessus du maximum autorisé | 135 € | Aucune | 2 | |
| Vitesse | 4e | Dépassement de 30 à 39 km/h au-dessus du maximum autorisé | 135 € | 3 ans maxi | 3 | Quel que soit le régime de priorité |
| Vitesse | 4e | Dépassement de 40 à 49 km/h au-dessus du maximum autorisé | 135 € | 3 ans maxi | 4 | Dépistage<br>Rétention du permis |
| Vitesse | 5e | Dépassement de 50 km/h ou plus de la limitation de vitesse | Tribunal de Police : Maxi 1 500 € | 3 ans maxi | 6 | Dépistage<br>Rétention du permis<br>Immobilisation et mise en fourrière obligatoire |
| Vitesse | Délit | Récidive d'excès de vitesse de 50 km/h ou plus | Maxi 3 750 € | 3 ans maxi | 6 | Immobilisation et mise en fourrière obligatoire<br>Prison maxi 3 mois |
| Circulation | 4e | Dépassement dangereux | 135 € | 3 ans | 3 | |
| Circulation | 4e | Franchissement ligne continue | 135 € | 3 ans | 3 | Dépassement cycles autorisé |
| Circulation | 4e | Refus de priorité : intersection | 135 € | 3 ans | 4 | Quel que soit le régime de priorité |
| Circulation | | Refus de priorité : piétons | 135 € | 3 ans | 6 | |
| Circulation | 4e | Distance de sécurité | 135 € | 3 ans | 3 | |
| Circulation | 4e | Circulation sur la BAU<br>Franchissement de la BAU | 135 € | 3 ans | 3 | |
| Circulation | 4e | Circulation en sens interdit | 135 € | 3 ans maxi | 4 | |
| Circulation | 2e | Changement de direction sans avertir | 35 € | 3 ans maxi | 3 | |
| Refus | Délit | Refus d'obtempérer | Maxi 7 500 € | 1 an | 6 | Tribunal |
| Refus | Délit | Délit de fuite | Maxi 75 000 € | 3 ans | 6 | Tribunal |

**Attention**, quand le permis est suspendu, tous les permis le sont aussi.

Le libellé de certains textes officiels peut parfois prêter à des interprétations différentes. Les textes de cet ouvrage ont été rédigés en fonction d'informations émanant des autorités compétentes; ils ne sauraient préjuger de l'appréciation souveraine des tribunaux.

**Votre avis nous intéresse. Nous vous remercions à l'avance de nous faire parvenir vos suggestions: conception@codes-rousseau.fr**

Photo couverture : Getty Images
Photos intérieur: J. Boulissière/Codes Rousseau



Éditeur: Codes ROUSSEAU
135 rue des Plesses - 85180 Les Sables d'Olonne
ISBN 978-2-7095-1582-5 - Dépôt légal n° 3376 - Imprimé en France